大吉嶺手繪旅行

圖・文：張佩瑜　　　Life & Leisure.優遊

一定要寫序嗎？

只是一段普普的旅行而已！只是回來之後，對某些「用後即丟」的物品和態度，會感到心驚，而且更加迷戀手作的溫度，如此而已。

一段不照計畫的旅行，步調緩慢，在小村住上一段時間，過著打水吃飯洗衣的生活，旅程看似鬆散，但其實事件發生的密度很高，缺少大道理，記錄的只是再也普通不過的小事。

只當微微的發光體就好。

希望這本小書，有一點點光亮，一點點溫度。

誰規定要寫序

她又叫蒙面人Fish幫她寫序

II

在尼泊爾的時候，有天從一個山城回到首都加德，滿都，一路搭乘的小巴一直
鑽小巷走，因為整條大馬路都在塞車。看著路上滿滿滿到人都夾在車窗外了，大家
還是在擠，擠著去哪兒呢？看著路上的車這樣想。一天，背著我的大背包站在烈日下，
只想找一輛稍微寬鬆點的小巴，而且車頂必須有行李架……站在路邊搜尋路上經
過的車，我突然明白了，路上那些滿滿車子裡的人，他們也跟我一樣，想從某地移動
到某一地而已。有一種啊呀～恍然大悟的感覺。一直到現在，旅行回來，很久以後，仍
會有些片刻想著：為什麼要去旅行？為什麼是尼泊爾？為什麼這個、為什麼那個……
從某地移動到某一地，這中間發生了什麼？後來，我想到了，這些年來一直不變的：
旅行使得周遭事物變得清晰，看不見的/看得見的，線條變得如此面容可辨，
好似無時無刻都在面對著自己，旅行，之於我，就是正對孤獨，天地悠悠，
感到自己是那麼渺小，找到了某處。"異地"使我們跳開了日常的角色，少掉了
平日的束縛與牽絆事務，真的只剩下了自己。"移動自己"是旅程裡不斷在進行的，
不管在哪一個古城停留多久，我們始終在移動，相對於日常的自己；移動的間
隙從最短到最漫長，外在的環境如何跳動，"自己"和自己始終都緊緊貼近，那
便是孤獨所在。

Peiyu 這兩年去了尼泊爾、錫金和印度，隊中間有一個禮拜和她短暫結伴，
其他時間她都是一個人走著這一段旅程，在旅程裡畫畫、與人相遇，寫下自己與廣大
天地的交集，我想，那是孤獨時刻的擷取紀錄。這本書的出版，也是她獨
自在狹仄小書桌前攤開畫筆，一筆一畫表達著她對於這世界的認識和理解，
在絕對孤獨的狀態下。真高興，從她某一個窗口，看到一種釋放，釋放
孤獨的自己去與外在的人們交流，這些畫、這些文字，所表達的，就是她最大
的熱情了；相信舊讀者可以感受到這個部份，新讀者也會像認識了一個
敞開心房向你/妳傾訴的好朋友那樣，愉悅地讀著這本畫畫書。

Fish in Hualien 20110216

III

尼

Kathmandu
加德滿都   泊

Lumbini
倫比尼

NEPAL

INDIA

Janakpur
珍納普

印

旅行時間：2010年7月及8月，共56天
旅行地點：尼泊爾，印度
費用：總共約 6萬5千元（包含機票、簽證、保險及當地消費）
當時匯率：1尼泊爾盧比（NPR）≒ 0.47 台幣
　　　　　1印度盧比（INR）≒ 0.69 台幣
　　　書中提到的幣值R.S是指『盧比』，在尼泊爾旅行時
　　　用尼泊爾盧比，在印度旅行時用印度盧比。
旅遊書：Lonely Planet 出版的 "Nepal" 和 "Northeast India"

中 國 · 西 藏

爾

度

Gangtok 甘托克

Pelling 培林

不丹

Darjeeling 大吉嶺
Makaibari
馬凱巴利

孟加拉

旅行地圖

旅遊路線：Kathmandu 加德滿都 → Makaibari 馬凱巴利 → Darjeeling
大吉嶺 → Pelling 培林 → Gangtok 甘托克 → Darjeeling 大吉嶺 →
Makaibari 馬凱巴利 → Janakpur 珍納普 → Lumbini 倫比尼 →
Kathmandu 加德滿都

語言及現金匯兌：英文溝通無礙，美金兌換方便

簽證：印度簽證在台灣先辦好，尼泊爾辦落地簽證，錫金通行證
　　　在印度大吉嶺辦理

電壓與插座：220V，☺小豬鼻子(双圓孔)插座

注意事項：就算不一定對當地有幫助，也請尊重當地文化，不要造成破壞。

VII

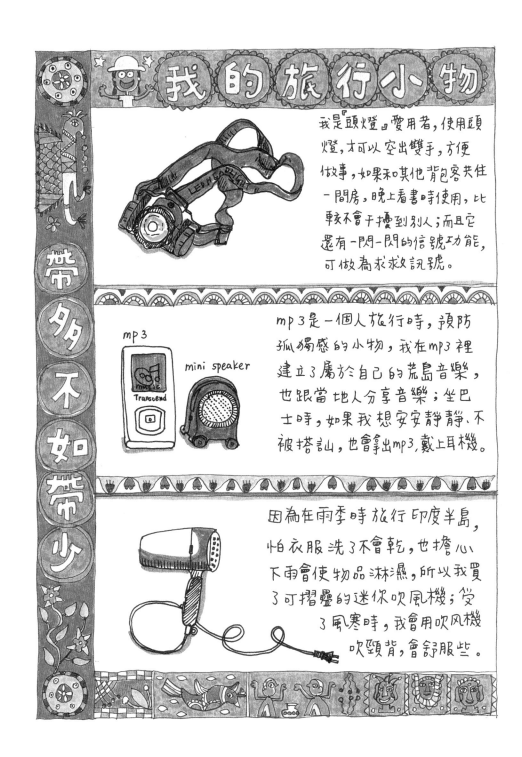

我的旅行小物

我是『頭燈』愛用者,使用頭燈,才可以空出雙手,方便做事,如果和其他背包客共住一間房,晚上看書時使用,比較不會干擾到別人;而且它還有一閃一閃的信號功能,可做為求救訊號。

mp3

mini speaker

Transcend

mp3是一個人旅行時,預防孤獨感的小物,我在mp3裡建立了屬於自己的荒島音樂,也跟當地人分享音樂;坐巴士時,如果我想安安靜靜,不被搭訕,也會拿出mp3,戴上耳機。

因為在雨季時旅行印度半島,怕衣服洗了不會乾,也擔心下雨會使物品淋濕,所以我買了可摺疊的迷你吹風機;受了風寒時,我會用吹風機吹頸背,會舒服些。

帶多不如帶少

這次旅行帶了很多藥，可說是應有盡有，然而最常拿出來用的是驅蚊蟲用的香茅精油，還有神奇紫草膏，因為一路上過著與蚊蟲為伍的『自然生活』，這次出門竟用掉一罐香茅精油。

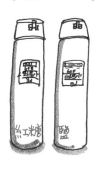

我把廚房裡的紅糖和鹽裝在小塑膠瓶中帶出門旅行，它們是補充電解質的好來源，感冒時我會用鹽水漱口，生理期時我會喝紅糖薑湯……；另外，雨季時，鹽巴是對付水蛭的最佳利器！叢林健行必備。

這件風衣非常輕薄，收納起來只有小小一袋，十分方便攜帶，它是連帽式，必要時可以擋點小雨，口袋有拉鏈，可以防止東西掉出來，雖然有點貴，但錢花得很值得！

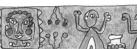

1

6月30日 (三) 在時間的尖叫聲中出發！

連時鐘也尖叫

你知不知道你快要來不及了！

傍晚及凌晨會自動灑水澆花的靈異陽台！

58年老木箱

(桃紅色)

(天氣熱,把頭髮盤起來,只穿清涼小褲褲.用行李箱遮一下!)

她為什麼每次都要衝最後一分鐘？

杯杯熊   史小比

自從帶的高三班級畢業之後,除了固定時間幫
要參加指考的同學解題,以及高二原本的進度之外,
其他時間,都從指縫中快速溜掉,本來還想,
這次應該有時間充分打包吧！沒想到愛拖成
性的我,還是在追趕 跑 跳 碰中驚險上了飛機,
永遠不會記取某次錯過 飛機 的教訓。

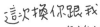

 這次換你跟我去旅行了！

 我太大隻了，不適合，叫杯杯熊去！

 在家裡睡覺比較舒服！

 而且，我每天看著你從尼泊爾帶回來的象神木雕面具，對我的狗人生而言，就夠了！

 我還可以幫妳澆花！

 也可以幫妳顧冰箱！ 生人勿近

藉口！藉口！ 懶惰小比！這些通通是藉口！藉口！

最後，史小比終究被壓扁塞進鋼杯中，打包帶出去，扭轉牠的「宅狗人生」。

含淚史小比

待在家裡其實可以很舒服，隨時可以上網，捷運坐著愛去哪就去哪，水龍頭一打開馬上有強而有力的熱水，每天早上端著一杯咖啡就可以欣賞窗前的『粉紅色森林』……，住在台灣寶島的生活其實不賴，我何苦拖著行李出走？我好像沒有那麼喜歡印度半島的雨季？又油又辣的食物也不合我的胃口？更厭倦了討價還價，……，已經坐上飛機的我，覺得自己應該馬上回家。

3

因為忙中有錯，加上精神恍惚，把桌上筆筒的東西倒進筆袋，一時不察，就帶了飛安不允許的違禁品，剪刀和刀片應該放進行李箱託運才對！手機語音信箱也忘了關閉，行前抄錄的一些資料也忘了拿……，坐在飛機上的我真有種出師不利的感覺，後來又發現自己還戴了項鍊，任何會閃亮的首飾都是背包旅行大忌，容易被搶，可是我又很擔心，如果現在我把它『好好地收起來』，兩個月後，當旅行結束時，迷糊的我鐵定找不到的！喃喃自語中……，可能我是因為離開平日的『舒適圈』而不安吧！

7月1日（四）Namaste，加德滿都

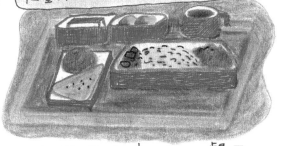

飛往加德滿都的飛機，座位劃在右側靠窗，可看到喜馬拉雅山！

也許是因為泰航的餐點是用我很喜歡的桃紅色餐盤裝著，讓我心情大好，開始覺得出來旅行似乎也是挺不錯的事！（好像沒那麼想回家了！）出門之前，Peter跟我說，他也想重回尼泊爾看看，但是又怕壞了對它的美好印象……。在飛機上，我讀著2002年、2009年來到尼泊爾所寫下的日記，隨著飛機慢慢放低高度，層層的山巒出現在雲朵的下方，山，它依舊在那兒，到底是什麼原因讓我一次又一次地走進這裡？加德滿都？波卡拉？trekking？……，所謂「觀光客必修學分」，我都修了，但我依然對這裡覺得好奇，她讓我連輪廓都抓不準。

殊不知，從下飛機到抵達市中心 Thamel（塔美爾）區，是一番折損元氣的 過關斬將 過程。

辦簽證
落地簽證（arriving visa）要填簽證申請單，但台灣人更特別，要再填一張 stay order（因為某國的關係！），最後在護照上黏上小貼紙，再蓋章即可。

15天：25美元
30天：40美元
90天：100美元

在出機場大門之前，旁邊有所謂看起來很像 information center 的櫃台，千萬不要去問，去問問題，你就會被 "包" 下來，然後動彈不得！

出了機場外，才真正是戰鬥的開始，因為機場有管制，不准閒雜人等進入，所有的旅館掮客都等在機場外，肥羊出現就蜂擁而上。

『算是』見過大風大浪的我，很鎮定地站在原地聆聽掮客們的訴求，我只想搭計程車到 Thamel（塔美爾區，但他們都開出 500 R.S（盧比）、600 R.S 的高價，最後有個司機說他可以用 300 R.S 的價格載我一程，我猜他也是旅館掮客，但是這樣的價格我可以接受，管他出什麼招，反正我見招拆招。

尼泊爾汽車駕駛座在右邊，車子靠左邊行駛，行人也靠左邊走！

4. 看著窗外的街景，的確，這就是加德滿都了！有個年輕男子也一起坐上車，現出他的導遊名牌，他和司機一起聯手對我展開『閒聊』。

Q1：第一次來尼泊爾嗎？　　　A1：第3次
Q2：想待多久？　　　　　　　A2：2個月
Q3：去過加德滿都哪些景点？　A3：任何地方都陸了！
Q4：除了加德滿都，還想去哪些地方？　A4：還在想。
Q5：要 trekking 嗎？　　　　A5：我討厭 trekking，且
（像導遊的男子評估無油水可撈，下車了！）　雨季不適合 trekking。

像導遊的男子和司機交換了眼神，他中途下車了，司機強力建議我去看看他介紹的旅館，我想這是他的生存方式，為了讓他交差，我答應了。

IMPERIAL GUEST HOUSE
Thamel, Bahadur Bhawan, Kathmandu, Nepal
P. O. Box No. 5185, Tel : 4249339, 4249657
Fax No. 977-1-4249733
E-mail : imperial_guesthouse@hotmail.com
imperial_guesthouse@yahoo.com

這是一種做生意的手法，司機兼掮客去機場堵人，直接把觀光客帶到旅館，說好如果你住下了，計程車資就免了，但其實他們要賺的是後頭更大筆的套裝行程，我一點也不喜歡這個司機介紹的旅館，看起來很舊，開價也不便宜，我打算付了計程車費，然後走人，但裡面的職員們卻團團將我包圍，質問我哪裡不滿意？還要我付500盧比，我不悅地掏出300盧比，不願再多付，直接走人……，到熟悉且舒適的 imperial guest house，住進一天400盧比的雙人套房，耳根清靜多了！

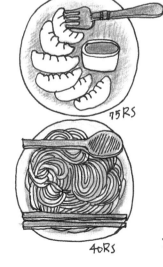

75RS

40RS

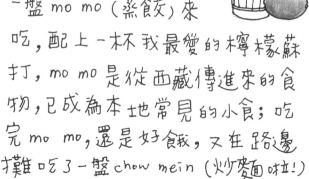

35RS

肚子被折騰得發慌，趕緊上餐廳點一盤 mo mo（蒸餃）來吃，配上一杯我最愛的檸檬蘇打，mo mo 是從西藏傳進來的食物，已成為本地常見的小食；吃完 mo mo，還是好餓，又在路邊攤吃了一盤 chow mein（炒麵啦!）

Vaisha Dev
牙痛之神
維沙戴

把硬幣釘住，猶如釘住邪靈惡魔！

摸一下維沙戴！

再拍自己一下！

猶如台灣五〇年代的診所

CITY DENTAL CLINIC
DENTAL CLINIC

尼泊爾真是個 temple 比 people 多的地方。我早就徹底放棄認識這些廟的名稱，任何東西都可以是神，神無所不在，而且分工很細，連管牙痛的神！在某個屋簷下，有個像張開大嘴的硬幣大怪獸的東西。就是牙痛之神維沙戴(Vaisha Dev)，牙痛的人會來這裡釘一塊兒硬幣，就可去除牙痛，經過這兒的人都會用臉輕碰硬幣，或用手碰硬幣一下，再拍自己的頭一下，託維沙戴的福，兩側牙科診所林立。

9

7月2日（五）

早安，尼泊爾奶茶！

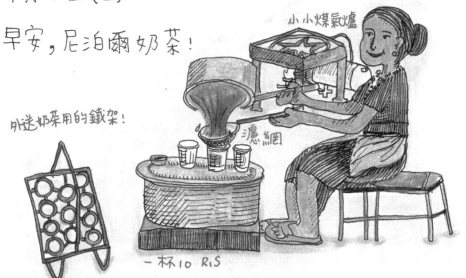

小小煤氣爐

外送奶茶用的鐵架！

濾網

一杯 10 RiS

沒有來一杯 *Nepali chiya*（也叫 *masala tea*，*masala* 是"混合香料"之意），一天不算真正開始！

根據經驗值，路邊攤賣的奶茶往往比餐廳好喝，路邊的小販只用一個小爐子、長柄鍋、濾網和幾個杯子，就可以做起生意了！

我看著小販煮茶的動作，那真像是一門藝術。

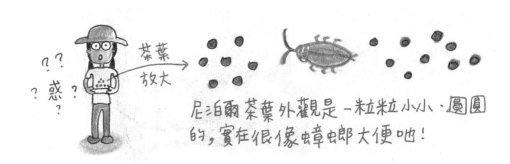

茶葉放大

尼泊爾茶葉外觀是一粒粒小小、圓圓的，實在很像蟑螂大便吔！

Peiyu 的小廚房：

◉ 如何煮好喝的 Masala Tea（香料奶茶）？

1. 牛奶加水煮沸（依 1:1 的比例）

2. 加入 茶葉 （在台灣可以用紅茶茶包）

香料（如果沒有 masala 粉，可以到超市買
小荳蔻、丁香、肉桂，直接放入！）

糖（酌量，但這裡的人加糖，十分豪氣，
一副糖不用錢的樣子！）

薑（可加，可不加，冬天加這個，很溫暖！）

不斷的上倒下

3. 用濾網過濾，大功告成！

☆ 根據我的嚴密觀察（呵！我真是一個
細心的人！），奶茶好喝的秘訣，除
了各種材料比例得當之外，當地的奶茶達人通
常會用小鋼杯將奶茶倒上倒下，就像電視上看到
的印度拉茶特技，如此混合攪拌，才會好喝。
對尼泊爾人而言，早晨來一杯奶茶，跟 Puja（印
度教婦女每日上寺廟祭祀禮拜）一樣重要！忙裡
偷閒的時候，握著一杯熱奶茶，天南地北聊開來。

◉ 如何調配好喝的檸檬蘇打？

頂好超市賣的罐裝蘇打水 + 檸檬汁 + 一點鹽巴

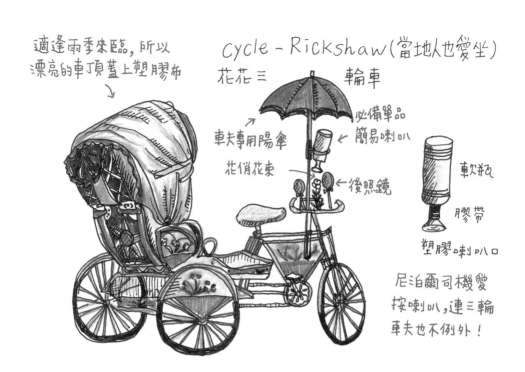

適逢雨季來臨，所以
漂亮的車頂蓋上塑膠布 ↓

cycle - Rickshaw (當地人也愛坐)
花花三　　　　　輪車

車夫專用陽傘 ↗

花俏花束

必備單品
簡易喇叭 ←

後照鏡 ←

軟瓶
膠帶
塑膠喇叭口

尼泊爾司機愛
按喇叭,連三輪
車夫也不例外!

我很喜歡街頭花俏的三輪車,三輪車夫總是把所有
濃烈的顏色都用上了! 我找了一個街邊靠牆的位置,
動筆寫生,不顯眼的位置比較不會引來群眾圍觀,三
輪車夫發現我在畫他的車,不斷地對我擠眉弄眼。
午後的大雨滂沱而至,我趕緊合上日記本,免得被
淋濕,和行人一起躲在淺淺的屋簷下避雨,我買
了一根烤玉米,没
想到烤得烏漆抹
黑的玉米,没半點
醬料,卻有單純
的穀物香。

makai = corn

很簡陋的烤玉米器具!

榾頭

鐵鍋

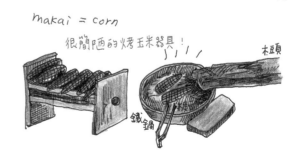

雨下得這麼大，三輪車夫仍奮力踩踏載客前進，出賣勞力的苦力背著比身軀還大的貨物，坑坑巴巴的街道，沒有鋪柏油，滿地泥濘，這是我在尼泊爾遇到的第一場雨，它迎面重擊我的心，我可以躲在安全的範圍內，不必擔心淋濕或弄

包覆防水塑膠布！

這條長帶子叫做 doko（兜口）

髒，可是，這些辛苦討生活的人呢？不下雨，是一層厚厚的灰，下了雨，轉身都是泥……，我突然覺得烤玉米硬得像石頭，如鯁在喉。

走回旅館，清潔人員來收過房間，換了乾淨的床單，還把史小比安穩地放在枕頭正中央，我躺在床上，嗯～我終於明白這裡為什麼總讓我有一種說不上來、悶悶的情緒，這是觀光客獨享的舒適吧！以前，

你不在的時候，有人來收房間，你弄太亂了！

是你弄亂的吧！

常有人問我：『尼泊爾好玩嗎？』，我總是無法回答，對於一個人均 GDP 只有 425 美元，大部份居民生活在貧窮線以下的國家（每人每日生活費低於 1 美元），說『好玩』，會令我內疚。

7月3日 (六) 離死亡很近的地方

清晨,在烏鴉的漫天叫聲中醒來,烏鴉在這個國家
被視為『神的使者』,是一種吉祥的鳥類,從窗戶看
出去,林蔭之後有座小廟,路過的人們進去禮拜之
後,總不忘撥弄銅鈴,那一串串清脆的鈴噹聲,彷
彿是告訴神:『我來過了!』……。

sel

共 18 R.S

milk tea

在路邊攤買了 Sel,配上一杯奶茶,
當作早餐,sel 是用米漿加入牛奶、
糖,在油鍋中畫圈圈炸成的偽
甜甜圈,我不喜歡吃油炸物,但
這裡到處都在賣油炸物,也許這是一種對當地人而言,
最方便調理食物且能快速攝取高熱量的方式。

週日~週五是尼泊爾的上班日,週六是假日,很多商店
都休息,要逛街也沒得去,我沿著皇宮前的大馬
路向東走了兩
公里,去看近郊
Pashupatinath
帕蘇帕提拿神
廟旁邊的火葬
場 (千萬不可讓
　　媽媽知道!)

Pashupati Area Development Trust
Devpattan Kathmandu, Nepal
Hearty Welcome to the holy Area of Pashupatinath

No: 079983

Rs.500/-

Let us Preserve our Monuments and Cultural Heritage

14

雖然有人跟我說可以拍照，但基於對往生者及其家屬的尊重，我還是把相機收起來了。

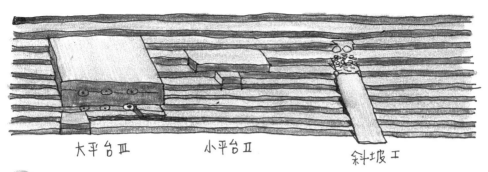

大平台Ⅲ　　　　小平台Ⅱ　　　　斜坡Ⅰ

遺體包裹白布後，上面覆蓋了黃色的布，先放在小平台Ⅱ。

擔架留在小平台Ⅱ，遺體移至斜坡Ⅰ.

將遺體略為下移，讓亡者的雙腳浸泡到河水。

（高階種姓的遺體用布華麗且綴滿鮮花）

將遺體放回擔架，準備移往大平台Ⅲ，大平台Ⅲ是要點火舉行火葬的地方。

大平台Ⅲ，又稱河壇，依種姓的不同，使用的河壇也不同。

← 將要過世，一息尚存的人先安置於此

其他種姓

Bagmati河

南

橋　橋

高階種姓ex:婆羅門專用

皇室專用

水流方向

北

Bagmati河是恆河的支流，是尼泊爾人心中的聖河！

15

④

大平台皿上已事先放好排列成井字狀的木頭。將遺體放在木頭上後，家屬環繞遺體，做最後的告別。

⑤

將遺體覆蓋上稻草後，點火開始燃燒，燃燒期間會有工人視狀況添加木材或稻草。

⑥

火燃燒殆盡時，工人會將殘餘的灰燼掃落河中，生命就在火葬儀式中，化為輕煙，隨風而逝，化為灰燼，隨著 Bagmati 河的河水，向遠方的恆河流去。

印度教是尼泊爾的國教，有90%以上的信仰人口，他們並不忌諱談論生死，甚至，河的這一側在舉行火葬，另一側，常民生活中的沐浴、戲水不受影響地照樣進行。

（河水其實是混濁的黃綠色）

16

1	2	3	4	5	6	7	8	9	10
૧	૨	૩	૪	૫	૬	૭	૮	૯	૧૦
ek	dui	tin	chār	panch	chha	sāt	āth	nau	das

開伯爾山口

Dravidians
達羅毗荼人
向南移!

尼泊爾的數字念法，和我之前去伊朗及中亞的念法也很像，我翻拭了手上的印度旅遊書，數字的念法也雷同，我想，這和古代來自中亞的亞利安人(Aryan tribes)，從開伯爾山口入侵印度半島有關，

亞利安人帶來了 Sanskrit 語及 caste system (種姓制度)，是階級分明的社會制度，並影響職業世襲。

原人 purusa 是四種身分起源

嘴→	Brahman 婆羅門	祭司	白色
手→	Chhetri 剎帝利	貴族武士	紅色
腿→	Vaisya 吠舍	從事農業商賈工匠等平民	黃色
腳→	Sudra 首陀羅	侍僕奴隸	黑色

Harijan 賤民，(untouchable)，地位卑賤，不編入種姓。
不可碰觸的者

回程時，向來堅持『最好按照當地生活方式』旅行
的我，沒有搭計程車，一步一腳印地走回去，中
途竟下起了雨，還好我跳上了一部往市中心的
minibus！

minibus 迷你巴士
短程 ＄ 10R.S

Tempo (Tuk-Tuk) 機動三輪車

Tempo (Tuk-Tuk) 的背影

minibus 是將九人座廂型車
加以改裝，多出好幾排座
椅，沿路載客，每輛車都有
一個小弟，協助乘客上下車、
收錢找錢，他總是掛在
車門外，大聲吆喝，讓人看
了心驚膽跳，他用力拍打
車身做為與司機之間的
暗號，拍一下是『停車』，拍
兩下是『開車』，車身都被
拍凹了！

　另一種常見的交通工具是Tempo，
又叫Tuk-Tuk，像個會跑的
小鐵盒，十分可愛，尼泊爾人塞
擠的功夫一流，擠8個人沒有問題，這種車子沒有
小弟幫忙收錢，乘客要自己把車錢從小窗遞給司
機，乘客要下車時，用力拍車頂兩下，司機就懂了。

如果可以搞懂這兒巧妙的乘車方式及路線，去其他國家當背包客應該可以無敵吧！不過前提是，得在讓人尖叫的加德滿都十字路口順利存活！因為隨時都可能被撞死。

停電失效的紅綠燈

隨時會撞上警察的小客車！

痼狂機車騎士

警察沒人理！

空氣污染超嚴重！

生氣的小巴士司机

單車水果販

金贊來金贊去的三輪車夫

一直靠右走的白痴觀光客

大刺刺散步的聖牛

小販

經驗法則告訴我，旅遊景點的安排最好是先遠後近，我決定先動身前往印度大吉嶺，再回來尼泊爾慢慢玩，否則萬一懶人症發作，我就不想動了！

我們下週一下午出發！

我討厭坐車，况又要把我塞進鋼木！

7月4日 (日) 阿山街市集間晃

Lassi 名店 (一杯 30 RS)

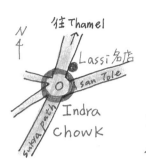

往 Thamel
Lassi 名店
san Tole
Indra chowk
Sukya path

因為明天就要展開長達十多個小時的大移動，今天還是別太累！（事實上，我每天都沒有很累！），暫訂今日為『吃喝日』，Indra chowk (因陀羅廣場)旁有間 Lassi 熱店，本地人絡繹不絕，一分鐘可以賣出幾十杯，我也跟著人群要了一杯來喝，一喝簡直大驚，此物只應天上有！於是我鬼祟地躲在一旁偷看調製過程！

sugar (不用客氣地加!)　salt　yoghurt　water　ice

用長木棍攪拌之後把冰塊撈出，以免過度稀釋

調製完成，倒入杯中，灑上各種乾果碎片。

Peiyu 小廚房：香蕉 Lassi

1° 去生機飲食店買中高溫菌種。

2° 牛奶加熱到45度，倒入菌種，置入電鍋，按『保溫』，約7~8小時，就成為凝乳狀，就是優格了。

3° 把優格、水、糖、香蕉，放進果汁機。(也可加荳蔻粉!)

這裡的人好像很喜歡喝現榨果汁，三步五步就有果汁店，而且每一間都裝飾得花俏異常。

除了石榴汁之外，其他果汁都很便宜，不過旅遊書上都建議最好不要喝現榨果汁，因為他們用的是生水，不過，鐵胃的我還是喝了，果汁不太冰（冰塊在此應算奢侈品吧！）

店鋪入口處掛了用檸檬和青椒串起來的避邪物，店主人說這就像眼睛，可把厄運擋在門外。

　古足責之林 Durbar square 杜兒巴廣場，這次我不再
傻傻買票了，門旁賣酥油燈的婆婆比手劃腳告訴我早
上七点以前，下午六点半以後，門票亭是關的，可以大搖大
擺不買票進去，我小氣得可以，坐在旁边等票亭關門，畫
了素描，婆婆還買了西瓜和木瓜給我吃。

7月5日(一) 移動到邊境

我買了下午三點的車票，搭夜車前往尼泊爾印度邊境
的kakarbhitta，真是一場硬仗。
　　卡卡比塔

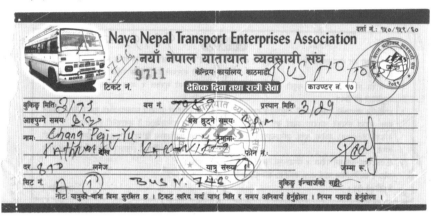

（車資：800RiS，應搭14小時，但我搭了19小時）

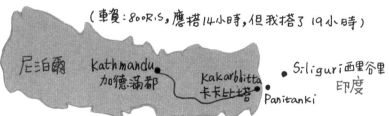

翻著手上的旅遊書，上面說在尼泊爾搭長途夜車是
一件極端危險的事情，比高空彈跳還危險（畢竟
高空彈跳一次只死一個！）（抖～），這裡的巴士出事
率，比其他發展中國家要多出30倍！（抖～）。車子
總是超載，路況差，山路彎曲，加上司機愛飆車，
這些都是原因。
　　聽說南部的Terai（特賴）平原，從四、五月的暴動
到現在，一直有罷工發生，旅館老闆叮嚀我要小心。

24

塔塔 TATA牌 印度車種

行李堆車頂,因而李來品,故
用帆布蓋著

↑
司機助手小弟總是站門口,伸出半個身子.

(沒想到,這幾天來,最舒服的寫日記場所,竟是
巴士等候區旁,樹下的陰涼處有桌椅!)

 15:00開車,但不準時是正常的,放行李時,
我才發現我的行李最少,其他人都大包小
包,一副要出國的樣子,沒錯,我們要
去的是邊境,他們真的要出國!

 17:00,司機讓大家小放風,下車上上廁
所,買汽水及零食。

 18:00,我開始無聊了,因為坐的是第
一排靠窗的位子,所以每一次司機從
前方車輛的右側超車時,我就拿著小
紙片登記前方車輛車屁股畫的圖案
和英文單字!

25

 提醒後方車輛多按喇叭，這裡的司機超♡按喇叭的。

 車尾巴竟畫可愛小熊，跟大家說再見。

  印度及尼泊爾卡車司機實在超愛裝飾！

之後，

 經過無數深谷峭壁司機如入無人之境地瘋狂飆車。

經過無數軍警檢查哨，連欄杆都是用拉繩手動控制。

天，它漸漸黑了，公路兩側的山中人家點起燭光

閃爍的燭光，像是黑夜中的小眼睛

 牛兒睡了，羊兒睡了，只有我們的司機還沒睡（他絕不可睡！）

 19:00，小小放風，僅提供路邊荒郊野外上廁所。

21:00，大放風，用餐時間，大家餓到要敲車頂了！

凌晨兩點，車子突然停了～
公路雖然黑漆漆，但仔細一看，
卻停滿車子，比夜市還熱鬧！

我也很鄉民地跟隨大夥下車查看，據說前方
有嚴重車禍，已經有人徒步去求援了，擠成
一團的車輛左喬右喬地乖乖向兩側靠，讓
出中間的馬路，待會兒讓救援車輛通行，
尼泊爾人超強的，他們總能把狀況弄得
一片混亂，然後在一片混亂中自動讓出一
種秩序……，而且，面對這種不知道要等多久
的事故處理，車上每個人都展現了危機處理
能力，有種無與倫比的沉著與耐心。

有人，竟然立刻拿毯子下車，躺在路
邊數星星、睡覺。

ZZZ

司機立刻
熄火，在方向
盤旁呼呼大睡。

現在進行式

高難度

我，戴著頭
燈，用
高難度
動作，在黑暗
中寫日記！

黑暗中寫日記，字跡潦草

27

凌晨四點，交通事故排除完畢，車子開始動了，天空卻也同時下起恐怖的大雨，很像有人從天空倒水下來那麼可怕，雨水從車頂的裂隙滴落在我的頭髮上，更可怕的是司機並沒有因為下雨而減速，還好已經從山區進入平原，不然我可能會在此粉身碎骨，巴士座椅好爛，椅墊會跟靠背分開，害我痛苦指數直升，明明是 14 小時的車程，我卻坐了 19 個小時。

Wu......
It's broken.

另一件令人沮喪的事情是—『我的相機壞了！』任憑我如何敲打它，它仍然一動也不動:(真是非理性的處理動作)，行前原本要買新相機的，但 Peter 說像我這種笨蛋，用好相機太浪費，加上我十分小氣節省，所以作罷沒買，沒想到相機竟然壞了。好吧！剩下的五十天，我就專心用眼睛看吧！這是上天的用意嗎？祂要我用雙眼好好去看這個真實的世界，原來，並不是相機『離開』了我，而是我『擺脫』了它，提醒自己不要只透過那小小觀景窗看世界。

7月6日 (二) 尼泊爾，後會有期！

噴？車子呢？

這輛『跳舞巴士』晃動之程度，常讓我誤以為車子跳動後，自動會解體，然而，天生旅行命的我，在這奪命風驟車夜中，不但寫了日記，還睡了一覺。接下來的大事就是準備通關了！然而，這卻是我所碰過最不門禁森嚴的海關。

印度和尼泊爾兩國可以自由往來，因此關口交通繁忙，卻很少有人知道應該要去哪裡蓋護照的章（因為其他人都不用蓋章！），而且自己不去蓋章，也沒人會把你攔下來。

10:00 AM

尼國海關辦公室，很小間！

immigration

尼泊爾關口 karkarbhitta

交通繁忙的界橋拖著重行李的我覺得它像奈何橋！好長！

RANGANJ Immigration check post

印度關口 Panitanki

印度海關辦公室，門口還有小花園，而且它根本是間農舍！海關人員還跑去旁邊商家串門子，應該很少人在此蓋出入境章吧！

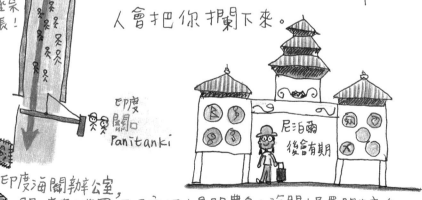

尼泊爾 後會有期

29

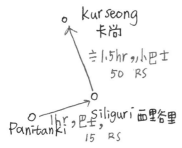

通關之後，我在Panitanki搭上巴士前往Siliguri西里谷里，聽說從siliguri前往Darjeeling大吉嶺的火車出了狀況，siliguri到Kurseong這一段，火車因山崩而停駛，要搭火車上大吉嶺，得上Kurseong卡尚去！人生地不熟的我，不斷地被當地人帶來帶去、上車下車，車子往Kurseong的方向駛去，向高山盤旋而上，空氣冰冰涼涼地，漫天煙塵和噪音，都留在山下了。我以為自己有小天使帶路，交通接駁得異常順利，殊不知其實有小惡魔緊跟在後……，我從來沒有那麼想回家……。

到了Kurseong，我才知道這裡已經罷工好幾天了，火車站、銀行都沒開，今晚勢必得在這裡過一夜，完全沒有任何計畫的我，打開旅遊書，試圖了解這個城鎮，糟糕的是，我身上已經沒有足夠的印度盧比可以支付旅館錢，當地人告訴我，因為罷工的關係，如果我想兌換現金，得上大吉嶺才行！真是五雷轟頂，行前Peter塞給我的印度鈔票已經快用完了！一位計程車司機知道我的狀況後，帶我跑了好幾個地方，終於在黑市換到錢，今天沒有車子上大吉嶺，我鐵定要在 kurseong 待一晚，好心的計程車司機帶我看了幾間旅館，這裡只有那種給本地人住的旅館（觀光客根本不住此地！）每間旅館看起來都讓我覺得很沒安全感，十分破舊，我不想麻煩計程車司機太多，於是選定一間旅館，我覺得我好像又掉進之前在中亞住的黑洞，昨夜的雨讓我衣物全濕，罷工讓我上不了山，現在又得在這鬼屋旅館住上一夜，我好想回家……，真沮喪。

Hotel Delhi Darbar
離車站走路10分鐘，有衛浴，老闆看我是外國人，獅子大開口……。
窗外的山景很美，但房內目測有一百種昆蟲和我共處，還有會飛的蟑螂，好恐怖。

計程車司機看我臉很綠，提議帶我去附近的茶園參觀，我直覺他不是壞人，於是去了；茶廠的人為我做了導覽解說，並請我喝了好茶，他們聽說我住在鎮上某旅館，莫不瞪大眼睛，『那不適合女生一個人住！』。他們說如果明天我仍去不了大吉嶺，就搬來茶園，他們可以為我安排住處。

▼ Makaibari 瑪凱巴利茶園名片

大老闆，附近的人十分敬重他！

31

來自台東大武山
的香茅精油

主婦聯盟
天然香茅油

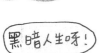

為了應付今天
的鬼屋旅館
及突來的大雨，從
車頂漏水淋濕
部分衣物，我拿
出了這次旅行
特別準備的小

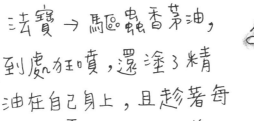

SAMPO

悲情

法寶 → 驅蟲香茅油，
到處狂噴，還塗了精
油在自己身上，且趁著每
次停電的間隔，拼命用吹
風機吹乾背包裡的東西，那張
恐怖床上的恐怖棉被，我根
本不敢蓋，但此地高拔1458m，
我怕夜裡會冷，於是穿起我的
防風外套，鑽進睡袋套，蓋上
大披肩，總算可以睡覺了。
(事實上，我整夜都不敢睡！)

黑暗人生呀！

藍色披肩

睡袋套

防風遮雨輕薄透氣

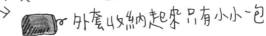

外套收納起來只有小小一包

7月7日（三）意外踏進Makaibari馬凱巴利茶園

VIM
VOLUNTEER IN MAKAIBARI
Passang's e-mail
blonsanj@gmail.com

Nayan's
↑

Nayan Lama 姓
Co-ordinator/Homestay Faciliator
Makaibari Tea Estate
Kurseong, Derjeeling
E-mail : volunteerinmakaibari@gmail.com
Web. : www.volmakaibari.org

Cell : 9832447774
9734145189

↓
Passan's.
mobile phone number

CONTACT FOR TOUR & TREKS

義工辦公室的名片，負責人 Nayan
就住在辦公室樓上，我住的民宿
就是他安排的！

鬼屋旅館的隔音很差，外
面走廊的聲音總讓我以
為有人要闖入房間，擔心得
整夜沒辦法睡。

早上，那位和善的計程車
司機把我送到茶園去，
他拜託義工辦公室的人
為我安排乾淨安全的民宿，並陪我去看環境，離開
前，還抄了電話號碼給我，有問題可以打給他！
我剎那間從鬼屋旅館掉進天堂民宿，陽台面對綠

床
陽台
地毯
太幸福了啊！
更人比
鬧飛色舞
沙發
旅客
留下的紀念品
每日 650 R.S
浴廁在樓下

色的山谷，房
間大又舒適，
更誇張的是，
從旅客留言本，
竟發現朋友A
四年前曾造訪此
地，我立刻傳
簡訊給人正在
英國的他，實在
太巧了！

Makaibari 附近的茶園都屬於同一間工廠，屬有機栽培。

MAKAIBARI → 這座茶工廠的標誌是一朵茶花

Kurseong & Darjeeling

WATER TANK
WATER SOURCES
WATER PUMP
HEATH CENTRE
SELF-HELP CENTRES
schools
LIBRARY
ECO HUTS
PATH
WATER PIPES
CRECHES

✿ 此地有7個 village

HALDIKOTI
37 Homes

health center

Factory
UPER MAKAIBARI
70 HOME

20 min walk

LOWER MAKAIBARI
60 HOMES

THAPTHALI
70 Homes

KODOBARI
30-35 Homes
10 mi

FULBARI 20 mins walk
35-40 HOMES

5 mins walk

KALIMATI

CHEPTEY
25-30 homes

25 mins walk

KOILAPANI
95 Homes

辦公室的地圖上標
示著某年來自國外的義
工協助本地人裝設幫浦
打水，使居民免去運水之苦，圖上
的時間是原本居民取水所花費的時間。

siliguri

Deva 的意思是尼泊爾語的"God"，這種蟲是益蟲，只有在有機栽培的茶園才可以見到，這是一種好蟲。

↑
TEA DEVA

tea leaf

tea leaf

Peiyu

पेय्व   पेयु

我的名字，尼泊爾文字

此時此刻，我正坐在 MAKAIBARI 村子大路旁一個可以眺望整個山谷的絕佳地點寫日記，放眼望去，這一整片綠油油的茶園，在老闆 Mr. Banerjee 的經營理念下，全採取有機栽培，製茶廠所生產的高品質紅茶、綠茶、烏龍茶等，行銷全世界，而製茶廠也回饋本地許多福利，例如成立辦公室建立義工及民宿系統、托兒所、健康中心，員工貸款等。

MAKAIBARI HEALTH CENTRE

每週會有醫生到此看診
Sunday   10:00 AM
Thursday 2:00 PM

有機完全無農藥栽培
マカイバリージャパン
紅茶・綠茶・ウーロン茶

35

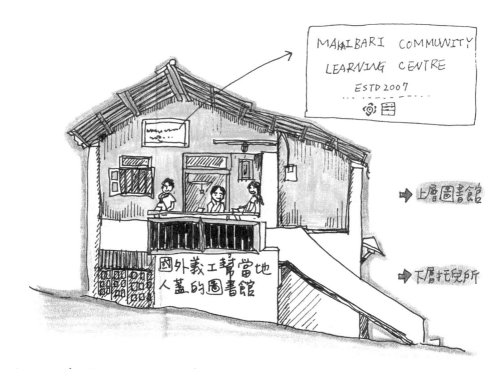

MAKAIBARI COMMUNITY LEARNING CENTRE
ESTD 2007

上層圖書館

下層托兒所

國外義工幫當地人蓋的圖書館

旅行到底是為了什麼？這是個很難回答的問題。我在村子裡繞了一圈，看到了來自世界各地的義工在此地為村民做的努力，他們為村子留下了一些什麼……，我想，旅行應該是讓自己和別人可以過更美好的生活，在每一次出走，我總會獲得新的想法，這些在路上相遇的人事物，讓我學會真誠地面對自己，也努力讓自己和他人維持美好的關係與生活，旅行只是改變人生觀的第一步，接下來，最重要的，是去改變你的生活。

Nayan幫我修好了相機！

7月8日（四）有機茶園宛若天堂

大吉嶺這邊有各種不同宗教、族群混居，印度人、廓爾喀人、尼泊爾人、藏人，可以看到印度教廟宇、藏族祈禱的場所；我住的民宿是尼泊爾家庭。

早餐桌上的尼泊爾語教學：（沒錯，在印度學尼泊爾語）

alikardi：一點點（因為他們會幫客人添很多飯、菜加很多糖，這句要學！）

mitu：好吃

baryu：enough 夠了（問你要不要再多吃一點時可回答）

dany bad：Thank you

hajur：O.k

供奉藏傳佛教的 Nayan 帶我去祈福，為我繫上黃繩，保佑生活平安。

Sungdi（藏語）

大吉嶺鎮紅茶舉世聞名的好喝

新鮮現作麵餅
Chapati
omlete
洋蔥、蕃茄
potato curry
馬鈴薯咖哩

早餐超美味，當地人常吃 chapati 配咖哩口味的菜！

民宿老闆娘 Hema 時常遞上一杯熱茶。

常停電，吃燭光晚餐！

37

傍晚時，我站在茶園中，我從沒有和茶樹靠得如此接近，這裡的茶，種得並不整齊，茶樹與茶樹之間的間隔長了許多雜草和零星樹種，許多昆蟲飛來飛去，當地人告訴我，這是因為施行有機農法，所以所有的生物，不論動物或植物才得以在此共存共榮，我站在茶園中，吸取自然芬多精，四週的蟲鳴鳥叫，彷彿正共譜著自然交響曲，站久了，我覺得自己的眼睛和耳朵都打開了，那些景色，那些聲音，都離我愈來愈近。

laughing

hahahaha..

旁邊的樹下有個老婦人"哈哈哈哈"地，正在做著"笑瑜伽"

38

Peiyu的地理教室

⊙茶樹生長環境 v.s 大吉嶺的氣候

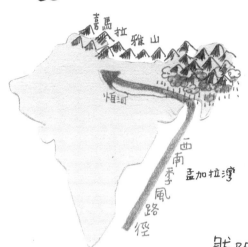

茶樹適合生長在副熱帶溫濕多霧、雨量均勻、排水良好的丘陵地，而大吉嶺正是具備了得天獨厚的條件。

夏季時，暖濕的西南季風經孟加拉灣，遇印度東北部山地地形阻擋，沛然降雨，大吉嶺正好位於印度東北部，因此夏季降水豐富。

此種降水類型稱為『地形雨』

地形雨：暖濕氣流沿山坡上升，溫度降低，水汽冷凝，成雲致雨。

⊙印度半島氣候分三季

Cool season 涼季	11月~翌年2月	來自亞洲大陸的寒冷冬季季風受喜馬拉雅山阻擋，故並不寒冷。
hot season 熱季	3~5月	此時正值冬季東北季風和夏季西南季風的轉換期，加上日射北移，故氣溫直線上升，炎熱乾燥。
wet season 雨季	6~10月	夏季西南季風帶來豐富雨量。

夏季不是到印度遊玩的最佳季節（涼季較舒適！）
但我想不論什麼時節，都是當地生活一部分，所以我來了。

下午和民宿小男孩 Rohan 一起做卡片、畫畫，他借我一本日本文化介紹書（英日對照，日本旅客送給他的！）書中有介紹摺紙，我拿出從台灣帶來的色紙，示範給他看，沒看過色紙的他覺得好神奇，他好聰明，看著書中的說明，一學就會，呵～我應該改當幼稚園或小學老師。

PLEASE DO NOT TOUCH TEAS
TEA IS OUR GOD

工作裝扮

→ 頭巾
（我包了魔術頭巾）

→ 口罩
（沒想到原本為了對抗加德滿都空氣污染的口罩會派上用場）

→ 脫鞋

今天在茶廠拍照時，莫名其妙亂跟工作人員去見經理，又莫名其妙見了大老闆 Rajah Banerjee，閒聊之下，大老闆竟提到認識我的朋友A，而且是好友呢！（真是吃驚！），大老闆立刻叫經理準備最好的茶讓我帶回台灣，且安排讓我到茶廠、茶園體驗工作氛圍，明天開始當女工。

辣椒

石磨是長長像洗衣板的東西

蕃茄

mack-Too

用蒸籠蒸 momo!

Rice-Juice Niger(尼泊爾語).自家以米釀造的米酒飲料.好喝

今天的晚餐是momo（蒸餃），喔～下午我溜出去茶園，沒待在家裡，竟錯過了做momo的時間！明天一定要早起，至少要學會如何做chapati！我覺得這裡的聚落，因為 Makaibabri 茶工廠的存在，讓居民的許多觀念都比我想得來得開放先進，例如：我所認識的人家，都不會生育很多小孩，但他們體認教育的重要，會送小孩去接受英語教育，在放寒暑假時也有特別加強的課程，女性也會出去就業，甚至還參與有機組織會員，出國參加會議……，這個小村子在祥和純樸的外表下，有著一股向上的力量，為自己爭取更好的生活，我在下一代身上看到希望。

7月9日（五）開始去茶廠上班

茶葉的烘焙製造流程，從採摘茶葉開始：
plucking

① 秤茶葉的工具

布巾包頭

→ 雨鞋

採茶女的工作時間：

8:00AM～12:00 工作

12:00～13:00 午餐

13:00～16:00 工作

採完茶就回茶廠秤平重，繳交一日工作成果。

②

萎凋
withering room

60°C
10:00PM-7:00AM

DEMETER AND ORGANIC LEAF
DATE：
SECOND No.：
AM/PM

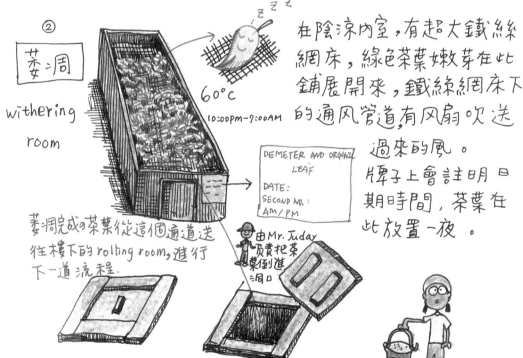

在陰涼內室，有超大鐵絲網床，綠色茶葉嫩芽在此舖展開來，鐵絲網床下的通風管道有風扇吹送過來的風。

牌子上會註明日期時間，茶葉在此放置一夜。

萎凋完成的茶葉從這個通道送往樓下的 rolling room，進行下一道流程。

由 Mr. Juday 負責把茶葉倒進洞口

旁邊地上有個像蓋子般的裝置，蓋子打開後，有一個通道，通往樓下的 rolling room。

滅火器是用紅色鐵筒裝著砂子平時掛在牆上。

42

③ 揉捻 （將茶葉放至大輪軸揉捻）

rolling machine
（40 mins 揉捻）

rolling room

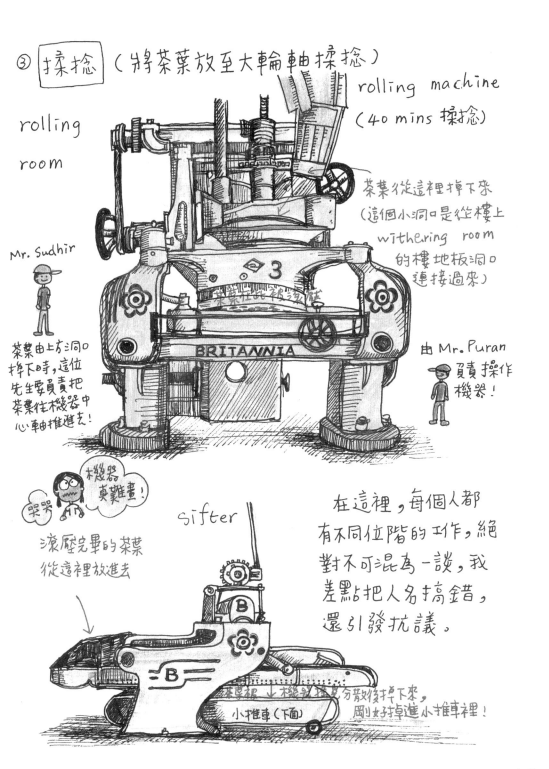

茶葉從這裡掉下來
（這個小洞口是從樓上
withering room
的樓地板洞口
連接過來）

Mr. Sudhir

茶葉由上方洞口
掉下時，這位
先生要員責把
茶葉往機器中
心軸推進去！

由 Mr. Puran
員責操作
機器！

3

BRITANNIA

機器真難畫！

哭哭

滾壓完畢的茶葉
從這裡放進去

sifter

B

B

小推車（下面）

茶葉都 ↓機到過見分散後掉下來，
剛好掉進小推車裡！

在這裡，每個人都
有不同位階的工作，絕
對不可混為一談，我
差點把人名搞錯，
還引發抗議。

43

Mr. krishan

Mr.Sadhan

用手把茶葉分開！

再放進長形大鐵盤

Mr. Chandray

搬至架子上靜置，發酵2小時

Mr. Indray

fermentation (2hrs)

④ 乾燥 drying
(20 mins. 255°F)

發酵完的茶葉，從 ① 倒進機器中，送到機器主體 ② 烘乾，機器側邊有小窗戶觀看狀況，烘好的茶葉會從 ③ 吐出來。

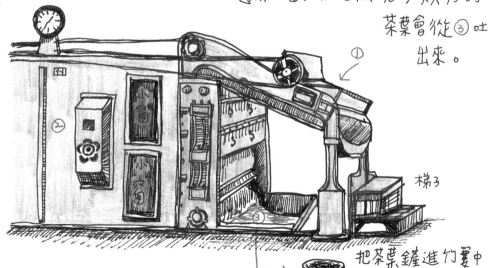

梯3

把茶葉鏟進竹簍中
等一下要倒進手推車

44

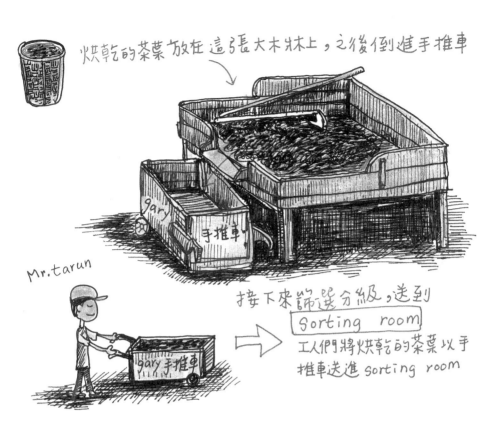

烘乾的茶葉放在這張大木牀上，之後倒進手推車

Mr.tarun

接下來篩選分級，送到
Sorting room
工人們將烘乾的茶葉以手
推車送進 sorting room

withering room , rolling room , and dring machine
的心得與側記：

- 門口 shop 的 Mr.OM ，人非常和善，常回答我很多
  問題，親自帶我進工廠畫畫，還要工人拿椅子給
  我坐，工人對我很好，我剛開始畫時，因為茶
  葉萎凋手續尚未完成，所以他們無法開始工作，
  我也無法看到機器實際操作狀況，但他們很
  熱心地『假裝』啟動機器，表演給我看，等
  到十點，機器開始運作，我才得以一窺全貌。

大家都對我的畫非常非常地好奇，七嘴八舌地
討論，給意見。

mo naksa bononstsu.
(I am drawing)

採茶和 sorting room
由女性負責，而 rolling
room, withering room
和 dring machine
都是由男性負責工
作流程。

那個很好笑的經理跑來了，他是這間工廠中
地位僅次於大老闆　　　的人。

O.K.
I will give them
high salaries.
and I will hire
you. You can be
the manager in
my new factory.

Peiyu

You draw very well.
You can open a new
tea factory in Taiwan.
I will send some workers
to your new factory.

Mr. Deeb Muzumdar

一直停電！但工廠有發電系統，燈很快就亮了！

baddi aayo

燈亮了！

baddi gayu

燈熄了！

有人把菸草放在掌心搓揉，放入舌下，藉之提神。

茶葉的 分級 與篩選　Sorting，由女性負責！
所以，我被帶到這裡工作！

① 成堆茶葉

Mrs. Basadai 把烘乾的茶
葉鏟進竹簍

工人送來烘
乾的茶葉

等一下要倒進篩選輸送帶

② I am strong!

茶葉輸送方向 →

把茶葉倒進篩選
輸送帶的輸入口.

③ 每一片經過篩選輸送帶的茶葉都各自有自己的命運，但第
一次篩選，大致分 2 批：

Ⓐ 批：直接就被篩選出來，直接就送進分級機器
Ⓑ 批：再回到篩選輸送帶，又再經過另一次篩選分級

輸送帶分成一格一格地，茶葉會自動
掉入輸送帶，分成一格一
格. 再進行分級

47

輸送帶

依循方向

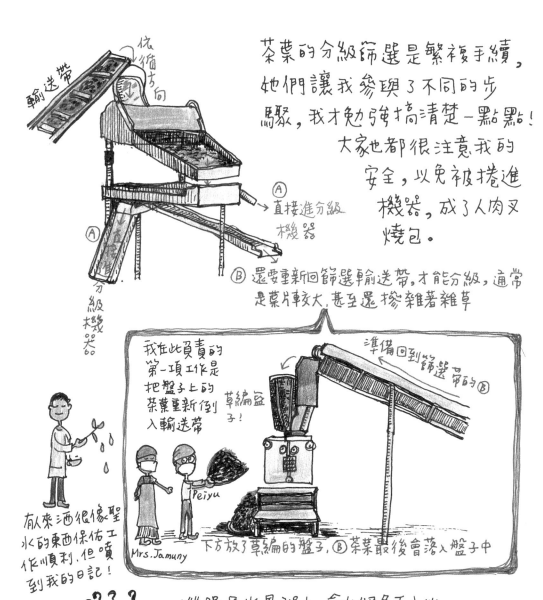

茶葉的分級篩選是繁複手續，她們讓我參與了不同的步驟，我才勉強搞清楚一點點！

大家也都很注意我的安全，以免被捲進機器，成了人肉叉燒包。

Ⓐ→直接進分級機器

Ⓐ 分級機器

Ⓑ 還要重新回篩選輸送帶，才能分級，通常是葉片較大，甚至還摻雜著雜草

我在此負責的第一項工作是把盤子上的茶葉重新倒入輸送帶

草編盆子！

準備回到篩選帶的Ⓑ

Peiyu

Mrs.Jamuny

有人來灑很像聖水的東西保佑工作順利，但噴到我的日記！

下方放了草編的盤子，Ⓑ茶葉最後會落入盤子中

？？？？？

日記被水噴到

機器運作過程中，會有很多不小心掉出來的茶葉和灰塵，我的第二項工作是隨時清理，這裡的婦女很厲害，只要給她們一支掃把、一條抹布，什麼都可以清潔溜溜，反倒是用慣吸塵器的我，連掃把都不會拿（汗😓）

④ 分級機器長這個樣子：

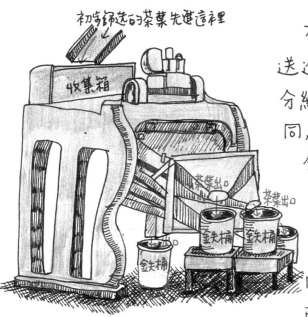

初步篩選的茶葉先進這裡

收集箱

茶葉出口
茶葉出口
鐵桶 鐵桶
鐵桶

初步篩選的茶葉被送進這個機器之後，分級機器會依品質不同，而將茶葉分成更細分的等級，分級機器有好幾個出口，出口處放了鐵桶來銜接落下的茶葉。不同的桶子裝著不同等級的茶葉。

另，分級不是這麼簡單，有的鐵桶內的茶葉需要進行『再分級』，這項『再分級』的工作，有些交由『再分級機器』負責，有些則依賴『人工分級』，用一雙雙婦女的巧手去揀選茶葉！

倒茶葉進去

出口

鐵桶

Ⅰ
Ⅱ
Ⅲ

鐵桶
鐵桶

『再分級機器』是由木頭和鐵絲網組成，其中，Ⅰ，Ⅱ，Ⅲ的鐵絲網粗細不同，可以過濾葉片大小不同的茶葉，連灰塵都過濾得出來！

（完整的、沒有被碾碎的茶葉等級較高）

49

『人工分級』是我在此做過最困難的一項工作，因為我根本分不出來，亂分一通，只會壞事！

坐在小板凳上

怎麼分啊？？？？？？

Mrs.chaanda

Mrs. gita

茶葉放在草編的圓盤上，須把不要的枝梗挑出來.

⑤ 所有的分級完成後，不同等級的茶葉會被放在不同的鐵箱中，兩人一組，提著去秤重。

It's heavy! 重！

Mrs. Sassi

感覺所有的動作是在一種閒適，但卻其實非常嚴謹，有秩序的狀態下進行。

秤重的工具還是使用老式的砝碼喔！
（完全看不懂在秤什麼？）

⑥

superior

← 工班的負責人，也就是 Sorting 部門的工頭

Mrs. Jamuny

NO.21

秤重完畢後，工頭會記錄茶葉的等級及重量，然後告訴你要放到那裡。放置地點是可躲進六個人以上的大木箱，每次爬上去，我都怕自己會掉進去。

⑦

同等級的茶葉放進同一
個大木箱,大木箱上有編
號,方便辨識

→ 這個開口,是茶葉要裝袋時,
打開它,茶葉流洩而出,方
便裝袋!

⑧ 裝袋及裝箱

依照品質分級及其他考量,有的裝箱,有的裝袋

→ 木箱四週外緣
均釘上鐵片,力
求堅固,以免因外
力撞擊而使木箱
解體!

最後均
套上白色麻袋,
再用針線縫
起來!

→ 牛皮紙袋

每個麻袋都用麥克筆寫上重量、日期、產地等.

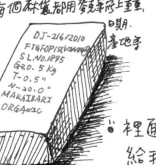

Sorting 工作部門記錄心得:

˙ 他們太有規劃了.很多步驟沒有機器
代勞、純粹人工卻有條不紊。

˙ 裡面的人都對我很好,看我在畫畫,還拿椅子
給我坐,門房的伯伯每天請我喝茶,今天還
拿手機來拍我戴頭巾、口罩,奇裝異服很好笑。

˙ 不斷有外人來參觀,是其他茶園的人來觀摩生產流程。

˙ 沒有自己動手操作,是無法了解工作的流程和辛苦的。

51

7月10日 (六) 學做烤餅

在這裡，我最喜歡做的事，就是拿著一杯茶，站在小陽台上，與近在眼前的山巒雲霧共飲，橘紅色的茶澤飄著清香，人生如此，夫復何求？

民宿主人Robin告訴我，大吉嶺地區生產的茶不適合加入牛奶飲用，頂多加糖而已，如果要煮那種印度、尼泊爾常喝的香料奶茶，得用C.T.C茶葉才行！所謂的C.T.C程序，是指

非C.T.C茶　　　C.T.C茶

| C |: cutting 或 Crushing 切碎 ⎫ 又剪又撕的過程，讓茶葉
| T |: tearing 撕裂 ⎬ 呈碎片狀，經揉捻，使
| C |: curling 捲曲 ⎭ 茶葉呈現小顆粒狀。

☕	大吉嶺的非C.T.C茶	C.T.C茶
製程	萎凋→揉捻→醱酵→烘焙→分級	萎凋→ C T C 製程→醱酵→烘焙→分級
外觀	細長條狀	圓形顆粒狀
風味及飲用試	宜用沖泡方式單獨品嘗，茶味芳香	茶色偏深，茶味厚重、較澀，適合煮成香料奶茶

(感謝Passang的耐心解釋，及朋友A提供的雜誌說明！)

BaBa 對著我床邊的 Ganesh（印度神，象頭人身）神像，手持線香拜拜

把線香插在門上，這裡的線香很香，聞起來很舒服

BaBa 手中拿一個小鐵罐，內裝白色粉末，正在用吹風機吹乾衣服的我，額頭上被點了一個白點。

我住的這間民宿，是尼泊爾人家庭，信奉印度教，但此處，因為各種不同種族（例：西藏人、廓爾喀人、尼泊爾人、雷布查族、錫金人等等）共處，根本無法分辨究竟誰是何種種族？而印度教徒與佛教徒混居的結果，也使這兩種宗教互相影響，例如印度教徒也會去佛教徒的廟宇，而民宿一家每天早晚的 puja（禮拜），也和我在尼泊爾看到的 puja 儀式不同，這裡竟是在家中主廳拿著線香拜拜，之後到每個房間拜，然後把香插在門楣上（而我在尼泊爾看到的是婦女以銅盤裝米粒、紅粉、花…等，早晚去附近廟宇禮拜）。

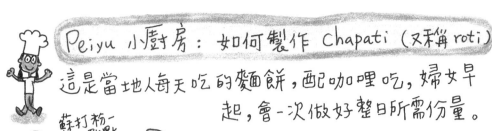

Peiyu 小廚房：如何製作 chapati（又稱 roti）

這是當地人每天吃的麵餅，配咖哩吃，婦女早起，會一次做好整日所需份量。

①
蘇打粉一點點
Soda powder
water
wheat powder 麵粉

②
將步驟1中的素材充份混合，搓揉。

③
搓揉至表面光滑，形成光滑麵糰

④
將麵糰分小塊。

⑤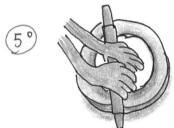
用擀麵棍將麵糰擀成薄圓片狀麵餅

⑥
每片麵餅大約 6~7 cm大小（直徑）

⑦
將麵餅放在鐵板煎鍋上（看起來很像小圓鐘）放在瓦斯爐上，烤到表面有一點褐色，且有小氣泡膨起。

⑧
然後將鐵板移開，用鐵夾將麵餅移到火上直接烤，麵餅會像氣球般膨起，就大功告成了。

7月11日(日) 教育～在荒地上為孩子造出森林

口香糖,一顆 1 RS.
Rohan請我吃口香糖!

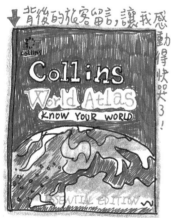

金色細耳環,
→左耳有耳環,
出生時就戴了,
Rohan說,十歲時,
媽媽會幫他把耳環取
下來。

↓背後的旅客簿,讓我感動得快哭了!

澳洲旅客kerry兩次
造訪此地,送給Rohan
的地圖集,要他好好念
書,長大後去看這個世界。

我每天和民宿小男孩 Rohan 混
在一起,他很喜歡畫畫,我帶
的色筆、畫紙、色紙……甚至針
線都派上用場!(天哪可!我
應該去開兒童畫畫班才對!)
Rohan 只有 9 歲,有濃密、長長翹
翹的睫毛和靈活的大眼,Robin
和 Hema 很注重他的教育,送
他到較遠的 Kurseong 去上英
語學校,每天坐巴士上學,所
以我們用英語溝通無礙
(其實他英文比我好啦!),現在是
放假時間,但他每天下午四點會
去上額外的家教課程,有時作
文、或數學等;凡此種種,讓我
想起大江健三郎的書～『孩子為
什麼要上學』,教育是讓下一代
能生活得更好的途徑,而父母
總是盡可能地在看似無一物的
荒地上為孩子造出一片森林。

我和 Rohan 用彼此的畫當作禮物交換，我教他自己寫自己的中文名字。

Nayan

the unknown girl

昨天, 我到 VIM (volunteer in Makaibari) Makaibari 義工中心 的辦公室去詢問 一些問題, 辦公室的 Nayan, 他很 熱心, 不但幫我打電話問火車的事, 還主動說要幫我換美金, 並要給我住宿折扣 (但我暗自決定, 決不可以拿人家的折扣, 因為他們大家都對我這麼好, 小氣巴拉的我, 如果要貪這種小便宜, 就太過份了!)。後來有個女孩由父親陪同, 到辦公室找 Nayan, 原來是學校作業要找有關印度森林濫伐的資料, 但家裡沒有電腦, 所以來找 Nayan 幫忙, Nayan 幫他找了資料, 並用印表機列印, 好不容易找到資料, 但印表機的墨水匣似乎堵塞, 很多行字都印不出來, Nayan 拼命想辦法解決, 女孩則既

57

期待又憂心地等待著，我拿出自己的 Lonely planet 旅遊書，翻到 environment 的單元，找到 Deforestation 的部份，問女孩是否可以參考？但女孩表示老師規定要寫四頁，那一點點資料不夠用……，Nayan 最後花了一個小時印出九頁文字，但有好幾行仍有缺漏，印不出字，女孩拿著筆，就著電腦，一個字一個字地抄寫，這時候，我又快哭了……，在這裡，知識那麼寶貴，所有的資源那麼寶貴……，回想起在台灣時，有時印文件，過份要求完美卻又不事先檢查，有時為了少數幾個標點符號，很浪費地重印到滿意為止……；我仔細閱讀手上的旅遊書，把 environment 單元中，幾個 environmental issues 裡，和濫伐森林有關的部份用鉛筆畫記出來，例如：water resources、hydroelectric revolution……等，(呵～還好我是地理老師)，我問女孩如果她需要這些資料，我可以把這幾頁撕下來給她……，女孩很害羞地表示，她抄寫的那些就夠了……。

→ Nayan 借我一本介紹 Makaibari 的書。
(原本大老闆要送我這本書，但我很不識相地矯情，沒收下，事後才發現這本書很好看，真是超後悔！)

人超好，每次都泡等級很高檔的茶請我喝，還叫我每天去喝茶！

茶廠大門口茶葉販售部門的 OM（甕）先生，不笑時，面無表情，感覺很兇，而且一開始，我沒認識大老闆和經理時，我問 OM 先生我可不可以進工廠參觀？（其實是想溜進去畫畫……），但是我老是誤解他的肢體語言，所以總是以為他在拒絕我，嚇死我，然後我心虛得溜之大吉，後來才想起，其實尼泊爾人的

頭不斷地向某一側偏過去，意思是 Yes，而不是 No！

what？
You drink rice juice!
so bad.

頭向某側偏，（我看過向左側偏，也看過向右側偏）其實是在說 Yes！

OM 先生很和善，總是不厭其煩地回答我的蠢問題，不過當他看到我日記上記載喝了當地人釀造的米酒，他臉色大變，露出難以接受的表情，說他簡直不敢相信我竟然喝酒！

後來我才知道，原來 OM 先生在 caste system（種姓制度）中，是屬於最高種姓的 Brahman（婆羅門），他有祭司的身分，所以在飲食方面有很多限制，更別提喝酒了！所以民宿女主人 Hema 跟我說，以後喝酒的事，不要告訴 OM 先生！．民宿家庭是屬於 chhetri（剎帝利）階級，Hema 說在大吉嶺這邊，已經是思想較開放的地區了，但是種姓制度仍具有一定的影響力！

今天晚上應該有很多人半夜不睡覺，等著看晚上11:30荷蘭對西班牙的世界盃足球賽決賽吧？光是這個小村子，從大人到小孩，已開出無數賭盤……，連民宿小朋友 Rohan 也做了賭盤兜售，今天傍晚去還書時，也碰到好幾個小朋友在做生意。

chita（泥活剛達）

正面

寫了球員號碼的籤。

反面

依抽到的籤號，把自己的名字填上去。

通常是用一塊木板或硬紙板來做生意！通常這是小朋友賺零用錢的機會。

220 - 170 = 50　R.S
小朋友可賺 50　R.S

一支籤若是10R.S，則22支籤共可賺 220　R.S，但晚上比賽揭曉，假設10號球員贏得關鍵勝利，則抽中10號籤者可得170　R.S.

7月12日(一)雨季，天空哭了，參觀學校

昨日一整個白天，以及整晚，雨勢都很大，那種氣

It rains cats and dogs.

勢簡直是颱風雨，在這裡，雨季讓

家裡所有的東西好像都吸飽了水分，

永遠都不會乾，一直下大雨也不好出門，

就留在家中，享受村子的 common life。

窗

這個鐵盆子每天早上會放在這裡，因為民宿家沒養牛，附近養牛人家會送牛奶來，
↙ 把盆子裝滿

→ 香料

→ 蛋

→ 馬鈴薯

洗碗槽

這是民宿廚房，男主人Robin經常下廚料理
食物，廚房的窗戶望出去是院子種的一排樹，
我一直希望、夢想著，當我作菜時，窗有美好風景。

送牛奶的老人早上7点左右會送牛奶來，他明明已經把牛奶裝好了，但看到我想拍照，就故意倒回去，重裝一次，擺出pose，呵～真是可愛的老人。

今天是週一，大家都很忙，昨晚的球賽，西班牙贏了，瘋狂的居民看球賽到半夜，很多人今天早上都睡眼惺忪；Rohan一大早就起床，等七點半的校車去上學，因為他的暑假已結束！看他一臉想放假的樣子，真好笑！

此地寒假：共3個月

暑假：1～2週不等

他上的是師資較好、學費較貴的 boarding school，可看出父母對他的教育十分重視，而且也把他教得很有禮貌，是個善解人意的乖小孩。Hema今天不去托兒所上班，有事須前往 Kurseong；另外因為有親戚過世，根據印度教徒的習俗，往生者須在24小時內被送往河壇火化，所以爺爺奶奶今天去親戚家弔唁，只有我是家中的大閒人，然而，男主人Robin為了弄午飯給我吃，今天不上班。

a school in Haldikoti
學校是由茶廠提供經費成立及維持運作!

↑
小朋友的作品

sohan

Dupchen

大閒人今天也是有行程的,今天茶工廠的 Mira 要去附近村子 Haldikoti 的學校進行每週一例行的健康衛生訪視宣導,我要跟她一起去!
名為學校,但其實是一排教室(3間)和辦公室(1間),只有2間教室有小朋友,其中一間是幼稚園(5~6歲,男4位,女6位),另一間則是 2、3、4 年級在同一間教室(男3位,女6位)。

看起來像民宅的學校沒人知一定↓不會發現!

教室(幼稚園)
辦公室
教室
教室

a school in Haldikoti

Mira 和老師要小朋友跟我招手,還跳舞唱歌歡迎我,超可愛的,Mira ── 檢查他們的指甲,並拿出指甲剪為幾個小朋友剪指甲,並問了幾個關於生活衛生的問題。這樣的衛生宣導訪視,是為了讓小朋友養成良好的習慣,注意衛生,減少生病。

這間學校從明天開始放暑假(一週),在放假前,通常學校在放假前會舉行考試,這些幼稚園的小朋友也不例外,老師發給每位小朋友一引張紙及一枝鉛筆,Mira 和老師要我出題目給小朋友做,所謂出題目,其實是畫一些圖畫在黑板上,讓小朋友跟著畫,我畫了蘋果、香蕉、雨傘、太陽、汽車、時鐘、花……等,這裡的小朋友從上午九點上課到下午兩點半,中午12點有一小時午餐時間。

南印度的人常常放新鮮的月桂葉在食物中，例：咖哩，豆子湯中；我平常煮燉菜時，也會放月桂葉，但都是乾貨，從未看過新鮮月桂葉，而這裡每戶人家都有自己的 kitchen garden，kitchen garden 中種了日常生活所需的蔬果與香料植物。在這裡，所有的食材不但新鮮，而且是有機的，稍微簡單烹調就很美味。

timbur

在 kitchen garden 摘的葉子，此地人稱 karipadha

(bay leaf)
月桂葉

(豆子湯) dal

Bhat (米飯)

一小份蔬菜，有時是辣蘿蔔或馬鈴薯咖哩，或其他咖哩口味的蔬菜。

Kitchen garden

在這裡，跟在尼泊爾一樣，常吃刀疤飯 (dal bhat)，dal 指豆子湯，bhat 指米飯，吃的時候，把豆子湯澆在米飯上，混合後，用右手抓著吃。

65

7月13日(二) Fair Trade, Not Aide!

昨天去 mira 家時,她送了我一個小徽章,上面有『公平貿易』的英文字,這個 logo 我覺得很眼熟,回來之後翻出我帶的咖啡包來對照一下,果然都是 FLO (Fairtrade Labelling Organisation) 認證的產品。

↓ mira 送我的徽章

FAIR TRADE

↓ 我帶的生態綠c濾泡式掛耳包

生態綠c濾泡式掛耳包

Must BeFair
ökogreen

FAIR TRADE

公平貿易標識是你的獨立保證,確保此產品得到國際公平貿易標準認可
購買公平貿易產品可改善發展中國家<生產者的工作及生活環境同時亦能保護環境

『公平貿易 (Fair trade)』是二十世紀後半崛起的國際性社會運動,藉由保障生產者利益的收購價格,使生產者能獲得相對公平的收益,更透過『社區發展基金』,使這些開發中國家的生產者能在醫療、教育及生產技術....等方面獲得改善;同時,加入 FLO 組織的生產者也必須遵守生產規範,用永續生產的模式,尊重自然環境。(因國際上公平貿易標章太多了,標準不一,FLO 長久努力之後,將多種標章加以整合、單一化,FLO 標章成為目前全球通用標章)

原來 Makaibari 的有機茶葉，也是通過 FLO 認證的產品……，想到此，我又趕快去翻那本辦公室借來的書（老天，這本書還真是好看又好用，當初不該拒絕大老闆的好意的！(悔)），果然在 P.98 找到了相關資訊，裡面敘述了 Makaibari 加入 FLO 認證的過程，還說 FLO 標章上那兩片像葉子的東西是代表 "Ying（陰）" 和 " Yang（陽）"。

（天哪！我還問 mira 那兩片葉子是茶葉嗎？嗯，人果然還是要多讀點書，才不會淨問些白癡問題！）

（在沒有網路，什麼都沒有的這裡，一邊聽我的荒島音樂，一邊喝茶，一邊認真讀書的感覺真好，這裡看似什麼都沒有，但卻也什麼都有，因為這裡有安靜的時光，有自己！）

早餐吃印度味味牌泡麵，在台灣很少吃泡麵的我，每次出來旅行，吃到泡麵都會很愉悅，因為那是很台灣的味道，7:30 時，Rohan 由爺爺陪同去等巴士上學（爺爺還幫他背書包！）

印度 Wai Wai 味味麵

大家也都各作準備要去上班，我今天要去 tea garden。

67

Fair trade 公平貿易
除了提供農夫、工人及
他們的家庭生計方
面的保障之外，
FLO（Fairtrade
Labelling Organisation）
也會向特許商收
取年費及營收的
固定比例，成立『
社會發展金』，協
助生產者建立水電、
教育、醫療等基礎

這是茶的標籤

> This all natural and hand-made paper tea box is produced by the self-help group Prayatna Nepali for "Striving to reach a goal" Today these formally unemployed women based in Thapathali, Makaibari, Darjeeling receive from the CHAI Project the necessary training and business skills needed to produce and market these boxes.

Makaibari 的茶包裝及標籤，是手工
紙製作的，来自當地婦女的自助團體。

設施。另也希望合作對象遵守公平貿易標準，例如：使
工人有成立工會的權利，幫助婦女發展生產技能，給予性
別平等的工作權利……。

我在辦公室那本書的 P.65 及 P.106 讀到關於 MBJB
（Makaibari Joint Body）的相關資訊，這個組織
由七個村子（kodobari、Thapathully、Foolbari、cheptey、
koilapani、Makaibari、Halkerkothi）中挑選會員，

每3年選一次，由12名婦女，6名男性組成，從1991年開始，MBJB為此地的社會發展肩負重大使命，MBJB的發展基金主要是透過 FLO (Fairtrade Labelling Organisation)，來自歐美的茶葉銷售收入。

MBJB 推動的項目包括：小型創業的微額貸款、新式廁所推動。基本健康及衛生醫務人員訓練。醫療及婦女分娩照護、WWF (World Wildlife Foundation)的造林計畫及民宿體系的建立。在MBJB的組織中，婦女扮演的角色尤其重要，她們既非銀行家也不是經濟學者，但卻總能為社區做出適當決策。

請支持當地婦女

▲手工筆記書.
▼手工卡片

（筆記書及卡片皆是由當地婦女自助團體—手工紙工廠所製作！）

Health center

Mrs. Shila

peiyu

這是由茶廠基金提供運
作的健康中心，提供 Makaibari
居民免費拿藥，有藥師在這兒，
每週有兩天，會有醫生來駐
診，Mrs. Shila 說如果遇到
重症病人，工廠有 24 小時
待命的救護車，將病人送到附近
的中心醫院。（我在
畫圖時，有好多居民
來拿藥！）

Mrs. Mira

Library

Mrs. Ranjana

Miss Rupa

newspaper

US vistors gift
library to garden

對住在偏遠村子的小孩而言，要擁有圖書，是一件
奢侈的事，一對來自美國的情侶（現在是夫婦）來這
裡當義工（女生教英文，男生看診），發現這裡非常需
要一座圖書館，於是回家鄉募集了來自親友的愛心，
2007年再回到這兒，為小朋友蓋了圖書館，目前由茶
廠提供經費聘請員工管理。

71

托兒所 in Thapthali

SITE FOR
VALUE ADDITION UNIT
FOR **PRAYATNA**
WOMEN'S SELF HELP GROUP
SUPPORTED BY: 圕 ❀

這是由 Makaibari 茶工廠提供經費成立的婦女自助團體,這棟屋子左邊為手工紙工廠,右邊為免費托育幼兒中心,爸媽去茶園茶廠工作,小孩放這兒!

紙工廠內部

For sale

Mercy Corps

- Handmade paper Notebooks @ Rs 120-
- Handmade paper Embroidered Cards @ Rs25-

Your contribution shall help & support this Group.
for increasing incremental income of the SiHiG
＊(This Handmade paper is produced from "argeli", a locally
available shrub by Manokanana Handmade paper factory located
at upper Lingten, Bijanbarri, Parjeeling & is 100% recyclable.

現在是雨季，所以手工紙工廠停工休息（冬季為乾季，
才進行造紙），不過 Nayan 請朋友花了快一小時，找
到有鑰匙的人，開門讓我進去看，那些以絹印
圖案或刺繡裝飾的手工紙工藝品，具素樸之美。

73

Go shopping

kurseong 卡尚
10~15分鐘車程
Makaibari 馬凱巴利

交通工具: Taxi 一趟15 Rs
此地的 Taxi 其實是塞了
超多人的吉普車 Jeep

成員: Peiyu　媽媽 mira　女兒: mona

路癡兼文盲 Peiyu ＋超會殺價母女檔

下午，鄰居 Mira 和女兒 Mona 要
去 kurseong 卡尚購物，我跟著去
見識一下印度市集，否則老是窩在
安靜緩慢的小村子，要出門見見世面。

(吸煙有害健康)

買給 Peter 的印度捲煙
買煙關鍵字: katuwa
哪裡買: 在 Pan dukan 買！
(store)

Pan 就是『印度檳榔』，是用 betel leaf，先刷上一層
石灰膏，再放入香料、乾果、
椰絲、糖、甚至菸草等不同
的內容物 (口味有很多種，
我吃的是 sweet pan！)，捲
起後用牙籤或一顆丁香固定，據說可幫
助消化、清新口腔，不過會吃得滿嘴
紅色汁液，紅色渣滓會造成環境
破壞，而且據說 Pan 會致癌，☹ 但政府禁不了。

 捲起

I don't like "pan"

我訂做了兩套 kurta（庫兒答），星期五取件！Kurta 是當地女性常穿的傳統服裝，比起 Sharee（紗麗），穿著 kurta 時，行動俐落多了！一套分三部份：

→ chunni 長圍巾

有各種不同的圍法，優雅飄逸。不過有些觀光客怕熱又怕麻煩，會自動省略這條圍巾，然而當地人告訴我，這是不得體的！

→ kurta 上衣

從剛好遮住臀到過膝等各種不同長度皆有；無袖、短袖、幾分袖、長袖等變化多端；領口樣式也任你挑！剪裁超合身，腰部開叉。

→ 褲子，寬褲管稱 sawar，穿起來較舒服；窄褲管稱 churidar，我覺得較好看 ☺！

kurta 上衣下擺開叉，搖曳生姿，又可以修飾腰部曲線，什麼人穿都好看，且印度人用色大膽，喜歡加上滾邊刺繡、亮片等裝飾，十分具有民族風情。

☺ 如何訂做 kurta？

先去布店買布，通常會現成配好一套（內含圍巾、上衣、褲子用布各一），買好布再去裁縫店量身訂做，如果很急，加點小錢（50~100 RS），隔天可取件！

老闆把布攤了一地，害我好緊張喔！

別緊張啦，大家都這樣！

75

比起 kurta 的穿法簡單, sharee (紗麗) 實在複雜多了!

----> sharee 紗麗

其實是一條約一公尺寬,五.六公尺長的布料(我的紗麗約 1.1x5.3 m),材質多種,價格不一,利用各種纏繞紮綁的技巧,巧妙地將身體包裹起來,只用一塊布,卻能展現曲線魅力。顏色繽紛,除了單一顏色外,印度人擅長運用對比色,並織進繁複圖紋,令人讚嘆印度人是世上最懂得用顏色的民族。

└─> blouse 緊身短上衣

非常貼身,會露出小蠻腰,買紗麗時,會順便挑 blouse 的布料, blouse 與 sharee 的顏色搭配十分講究。

Petikot 襯裙,穿在 sharee 底下,店裡有賣現成的 petikot。

☺ 如何訂做整套紗麗?

去布店挑選 sharee 與 blouse 兩塊布料,再請裁縫師縫製。

☺ 紗麗要怎麼穿? (超高難度啊!)

| 抓衣角,塞入右腰,由前到後繞一圈。 | 已繞腰一圈的布,再由前到後繞一圈。 | 把布做出皺褶,塞進襯裙裙頭裡固定住,皺褶數目不定。再繞到後面。 | 把布由右側斜斜披上左肩頭。 | 大功告成。為防止布料滑動,可以在左肩上以別針固定。 |

怎麼沒有我的名片？

Hello~
I am
Mr. Majumder.

茶廠的經理
他喜歡我的日
記，一定要我
貼他的名片！

DEBABRATA MAJUMDER
Manager

MAKAIBARI TEA ESTATES®

KURSEONG P.O. (DT. DARJEELING)
WEST BENGAL, PIN- 734 203, INDIAA
GARDEN - TEL : (+91 -354) 2330181, 2330179 & FAX : (+91 -354) 2330183
MOBILE : 98320 72013 / 973508084
E-mail : debmakaibari@gmail.com
Website : www.makaibari.org

Taiwan : ताईवान

Nepali and Hindi language
（尼泊爾語・印度語）

<u>mo</u> Taiwan <u>bada</u> <u>akau.</u>
I   from come

(I come from Taiwan)

今天去逛街
才知道 Kurseong
附近地區禁
用塑膠袋，買
任何東西都用
報紙包！包括食物…

TO ALL THE
CHILDREN WE BUY
OLD PLASTCS
FOR Rs 2/kg
EVERY SUNDAY
SAVE THE SOIL

這是工廠裡鼓勵
小朋友回收塑膠袋
的公告，不過我想應該沒
用，因為從我進入這個地區到現在，
我沒有拿到任何一個塑膠袋，所以無法收集回收。

MAKaibari Community
RECIPE BOOK

我老是愛追問食譜和食材，Nayan 今天
送我一本由 Makaibari 村民私房料理
彙集而成的英文食譜，封面是婦女
製作的手工紙做成的，好有手感。

77

7月14日 (三) 樂當採茶女

Ama正在準備家禽家畜的飼料!

早餐桌上,我快樂地喝茶,吃著烤餅 (chapati) 配馬鈴薯咖啡的早餐, Ama (安妻,奶奶)

Alu dam (potato curry)

breakfast

chapati　egg　Tea

把兩種穀粉混在一起,揉成麵糰,我以為她又要做 chapati 了,但她說那是要給豬和雞吃的早餐,還好我沒說我想吃!不然又要鬧笑話了。

麵糰　→　揉成較厚的圓形厚片　→　放在火上烤　→　撕小塊丟入餿水桶

小豬高興地吃早餐。 好了吧

Ama正在剁芋頭葉,準備煮給豬吃。

這兩隻豬會不會吃太好了啊?都吃有機食品也!

吃得比我好!

78

帽子

→ 自色抗UV
連帽薄
外套!

→ 小飛俠雨衣

今天又是 tea garden
(茶園)行程,還好今天
沒下雨,否則我又得啟
動對抗大吉嶺暴雨
的詭異雨天裝扮,雖
然大家都會稱讚我很聰
明、很會擋雨之類的,但是我自己知道我看起來
很怪,今天的採茶範圍是在 kodobari 村附近,民
宿主人 Robin 中午要去那裡收茶葉,順便帶我去。

中午12時,在工寮,收茶葉.

採茶的工作十 嫩芽
分辛苦,而且是
不分晴雨日,
即使下雨,
人還是要
吃飯
吧!

一心二葉
plucking

毛巾
晴天裝扮

→塑膠布

→腰部以下圍著大塊塑膠布

→雨鞋

採茶女的雨天裝扮

快手採茶女通常雙手並用,一日下來大概可採 25kg 的茶葉,每天下午收工時,工頭會討論明天的採茶區域(茶園很大,而且每天都會有新芽冒出來)。

leguninum plant

kotoria

一種豆科植物,其根瘤菌對土壤有益。還可抓住土壤。

茶園中種了很多這種植物,用自然的方式增加土壤肥力。
(經查證為綠肥植物:樹豆)

doko
畚口.

gagri

80

工寮中瞬間堆滿了茶葉

採茶的工作由婦女負責,從早上8:00開始,中午時,採茶女會把茶葉送到茶園裡散布各地的草寮,茶廠的工人會在那裡等著收茶葉,秤重之後,記錄每個採茶女所採的茶葉重量(以便依重量核發薪資,每15日發一次薪水),收集好的新鮮茶葉用曳引機載送回工廠處理,下午四點會再來收一次,今天來的這一區叫做 kodobari,有點遠,所以我搭曳引機回家,呵呵～

Hi

我順便搭曳引車回家,不用走路,不用爬山.好開心

把茶葉裝上曳引車,準備送回工廠進行處理。

7月15日(四). Gurubar，星期四餵牛

今天是星期四，也就是工廠
大老闆 Mr. Banerjee 親自餵
牛的日子，我很想看他餵
牛的日子，所以我一大早就起床，趕快
吃完早餐，溜到工廠，一屁
股坐在茶廠大門口旁的商店，
緊盯住牛棚……，就在我喝
了好幾杯 Mr. OM 泡的茶，還
畫了精緻的茶葉禮盒，和
無數人打招呼聊天之後，有
人來通風報信說 Mr. Banerjee
早上出門了，所以今天不餵牛吃

大吉嶺茶的標誌

『神奇丸』！
大家都覺得
很奇怪，我為
何從上星期到現
在一直關心 Mr.
Banejee 餵牛的事情，

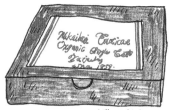

Makaibari的精裝茶盒，
盒子是婦女團體的手工紙製成。

Silver Tips Imperial 25 GMS
(the best)

silver green 50 GMS

white tea 25 GMS

1st Flush vintage 50 GMs

2ND Flush Muscatel 50 GMS.

一直逼問老闆什麼時候要餵牛啊？ Mr. OM 叫我
一定要把日記給老闆看，他說老闆會很高興。

Morning Meeting
on Thursday

Health center

Factory

Gate

每週四早上，是
工廠員工集合開
會的時間，但是
因為工廠沒有
禮堂之類的集會場
所，所以大家集中在工廠大
門口，目測應超過百人，而
且陸續有人抵達，工廠大
門還掛了國旗，大家一起
喊完落落長的口號後，有
主管站到工廠前馬路對
面的健康中心去演講，慷

Ba
Ba
Ba
Ba Ba

Ba
Ba Ba

oh~
shit!
踩到牛
糞!

慨激昂得好像要選舉，不過因為中間隔了一條馬路，
常常有車子經過，叭叭叭地迫使演講中斷。

83

如果你想看到一個深具 Permaculture 樸門精神（permanent 永久的, agriculture 農耕. culture 文化組成的新詞）、與自然和諧共存. 福利共享的小世界, 你應該來這裡！

"Makaibari" 一詞源自尼泊爾語, "Makai" 意為『玉米』, "bari" 則指肥沃的土地, 老闆 Rajah Banerjee 拉賈. 班納吉是世襲貴族, 茶廠建於 1859年, 他是第四代繼承人, 過去大量使用化肥、農藥, 使得土壤退化, 他深覺此非長久之道, 於是轉而施行有機農法。

班納吉先生老是把 "bullshit" 掛在嘴邊, 第一次見面聊天時, 他眉飛色舞地說：『你知道嗎？這座茶園可是從牛糞中生產出來的！』, 茶廠大門邊有個牛棚, 每星期四上午約九、十點, 班納吉先生會親自去餵牛, "Gurubar" 指 "Thursday"（星期四）, "Guru" 有 "Teacher" 導師之意, 班納吉先生說：『牛就如同這塊土地的導師, 所以在 Gurubar 導師日, 也就是每週四, 我要親自餵牛, 向牛致敬！』。

班納吉先生實踐哲學家 Rudolph Steiner 魯道夫史坦納的 biodynamic 生物動能原理, 以史坦納的第500～507條配方, 以牛糞加水、配合石英、動物器官、藥草等混合物製作有機肥，灑向土壤及植物，用這種天然的方法，使土地恢復活力，免於受化肥及農藥傷害。

牛的好處多！

唪！

milk 牛奶 → 可拿去市場賣錢，增加收入
→ 補充村民營養

牛糞 → 用來肥田，增加田地產量
→ 沼氣可做燃料，減少林木砍伐做為柴薪

牛在茶園扮演重要角色，難怪班納吉先生這麼尊敬牛。

他也注重 Brodiversity 生物多樣性，認為每一種生物都有其天敵，只要讓不同物種在此生存，生物自然會彼此抑制，長久之下，許多珍貴物種在此復育繁衍，林木蓊鬱，鳥啼轉蟲鳴，連豹跟老虎都曾現身叢林呢！

這裡，被視為一個 community 社區在經營著，班納吉先生改善工人生活，由工人自治管理推動社區事務，更打破傳統，讓女性有機會參與並監督公共事務，這就是 holistic 整體和諧的運作方式，在這片土地上，每一種生命形式都需要被尊重，人、植物、動物等都是息息相關，都屬於一個生命整體。

辦公室的人還解釋了 Veda 吠陀經典的東西給我聽，呵！那又是另一門更深奧的學問了，了解這些之後，讓人不由得把頭放得更低，我想，唯有天、地、人維持一種動態平衡，順應自然節奏，才能看見未來的光。

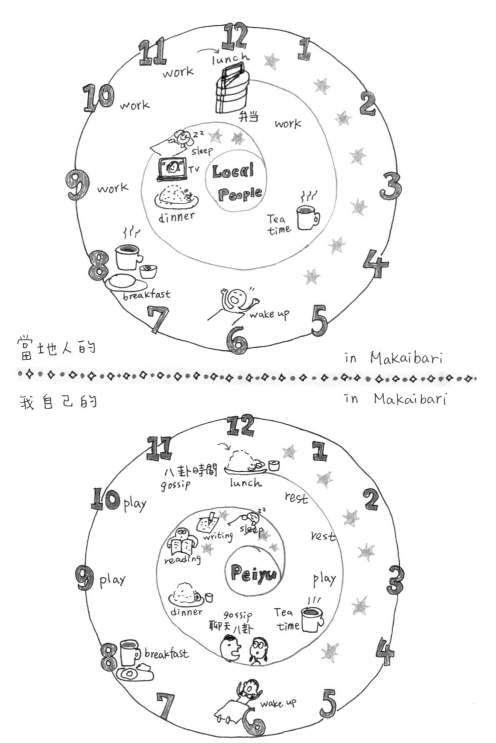

當地人的

in Makaibari

我自己的

in Makaibari

如果是在台灣，是絕對不能把日子過得像這樣
貓日子、狗時間地……。 說我在這裡吃香喝辣，
一點也不為過，因為這
裡的食物加了很多香
料和辣椒，又香又辣。

已經閒到有時間和 Rohan
一起把客房裡的玩偶拿出
來，全部畫一遍，這些玩偶
都是曾來此住宿的旅人
贈送的，Rohan 非常喜歡
它們，一一為他們取了名字，
我們把玩偶們一一畫在
硬紙板上（奇怪？我為什
麼要帶硬紙板出門？），然
後，再用我的一
雙巧手（？）用針
線串起它們，加
上繩子，成為
吊飾。

這是我在此地
交的新朋友

閒到有時間和當地
婦女一邊聊天八卦，一邊擦
指甲油了！

87

89

茶園 logo 就是一朵茶花

Tea flower

茶廠經理 Mr. Majumder 邀請我去他家喝下午茶，通常他都會遲到半小時以上，我在販售部一邊和甕先生聊天，一邊讀有關茶園的剪報，甕先生在門邊摘了兩朵茶花送給我，黃色花蕊襯著白色花瓣，真美，還飄著淡淡芳香。

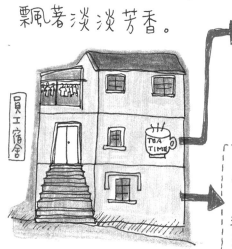

員工宿舍

TEA TIME

Mr. Majumdar 一家人以廠為家，住在員工宿舍2F，他家好大，還請了傭人，他的女兒很喜歡畫畫，我們一起讀日記！

Mr. Majumdar
daughter: moon
son
wife: Mon

Sanjoy Mukherjee

住在1F單身宿舍的是形容自己像工作機器的 Sanjoy Mukherjee，請我吃糖，逢人就大力推薦我的日記，他是一個聰明的人，我和德國義工都借用過他家的廁所，哈哈哈！

7月16日 (五) 家庭計畫

Hema 給 Rohan 一瓶果汁，我也有！

Rohan's School bag
(12 books inside)

too heavy

handsome

Rohan

穿了制服的 Rohan，看起來很帥。

媽媽 Hema 每天幫 Rohan 燙制服襯衫。爺爺幫 Rohan 把皮鞋擦得亮晶晶。

Rohan always eats breakfast slowly.

Rohan 吃早餐很愛蘑菇。

我相信天上一定有人偷倒水下來，雨撈這麼大。

爺爺每天早上都幫 Rohan 背書包，拿著雨傘陪 Rohan 去等車。

baba

Rohan

candy

媽媽 Hema 會給 Rohan 一顆糖

91

這兒，由 MBJB 推動的各項社區發展計畫中，有一項很重要的項目，就是實施家庭計畫，由醫師及護士免費提供各種避孕措施（不過此地男性對於實施結紮手術十分畏懼，所以成效有限，只好採取其他避孕手段！），家庭計畫使這裡出生率下降，每個家庭小孩減少至2人，可獲較好照顧。

我在寫日記時，Ama 正在挑米蟲，挑完才能煮一大鍋全家要吃的飯。

後來停電了，Ama 把米篩移到窗邊，我停下日記，幫Ama 一起挑米蟲。

鄰居來時，常坐著聊天的椅子

Ama
（奶奶）

儲藏室

potato

才九點半，Ama（奶奶）就開始張羅今天午晚餐要吃的馬鈴薯咖哩、豆子湯及米飯，先煮一大鍋起來，可隨時加熱。

外面下大雨，我沒出門，正在補寫日記，一邊看Ama煮飯。

記滿單和人名的小記事本

我從書上看翻譯的文章

在尼泊爾買的筆袋

爐子上煮著今天午晚餐要吃的dal（豆子湯），豆子是我幫奶奶把蟲挑出來的！（我是好幫手）

我總是把包包放在這張綠色的椅子上

我常坐在靠牆這個位子，Ama說，星期天我離開以後，誰來坐這個位子呢？

家裡養的小貓咪

93

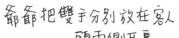

爺爺把雙手分別放在客人頭兩側耳邊

客人起身,爺爺把手收回,双手合十

双手合十

彎腰

双手合十

當客人來家裡拜訪

Makaibari
馬嘉巴利

放大

■ WEST BENGAL
西孟加拉省

Kolkata
加爾各答

印度真是大!

今天家裡來了一堆 Hema 娘家的親友,還有一對從加爾各答來的攝影師夫婦,我去辦公室借來的那本書裡,所有精緻漂亮的圖片全都出自這位攝影師之手,他們夫婦倆每年都會來此度假;不過,爺爺和攝影師卻是靠比手畫腳溝通,因為住在大吉嶺地區的爺爺只會講尼泊爾語,而攝影師講 English、印度國語
Nepali
Hindi 語,及西孟加省通用的 Bangali 語,明明都是住
印地　　　　　　　　　孟加拉語
在印度,卻像外國人一樣雞同鴨講;印度國土太大了,方言超過千種,每個人同時會講好幾種語言,一點也不稀奇,幾乎人人都是語言學家,語言太多種,只好靠英文來當溝通橋樑。

從加爾各答來的芒果真好吃!

(攝影師帶的伴手禮進了我的肚子,是奶奶一直叫我吃的!)

94

（正面）

（我努力在畫這張 10 盧比鈔票時，隔壁鄰居一邊刷盤子，一邊唱歌）

國父 Gandhi 甘地

這裡用 15 種文字列出金額

在印度，因為語言有太多種了，政府制定了 15 種官方語言，但很少人同時會這麼多語言，鈔票上除了用這 15 種語標示金額，還有英語及阿拉伯數字。

（反面）

Hindi 語 "10"　　Hindi 語 "Rupees"

(a film about Makaibari)

Nayan 跟我說他辦公室的電腦今天會修好，『宅』在家裡一天的我，下午四點多，趁著沒停電，我決定散步去辦公室看那片有關 Makaibari 的 DVD。

影片的取景很有美感，雖然其實是一部紀錄片，但節奏舒緩，美得像一首詩。

看著影片中 Mr. Rajah 品嚐著一杯杯剛泡好的茶，定出等級優劣，白色的茶杯裡透著橘紅色的色澤，我相信若非長久的訓練、集中精神意志、以及一顆敏銳的心，是無法了解那其中的細微差異，就像他們挑揀紗麗的配色一樣，馬虎不得，差一點也不行，其實印度人在某些方面是非常講究的。

品茶，和其他藝術一樣，要有一顆細膩的心。

晚上 Nayan 請我去他家吃飯。

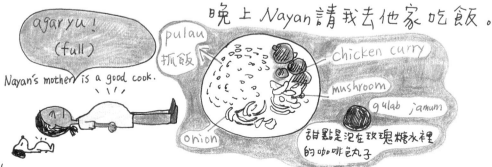

agaryu!
(full)

Nayan's mother is a good cook.

pulau
抓飯

chicken curry

mushroom

gulab jamum

onion

甜點是泡在玫瑰糖水裡的咖啡色丸子

7月17日（六）離情依依

今天 Rohan 只上半天課。不過今天要發成績單，所以媽媽 Hema 必須和 Rohan 一起去學校和老師晤談，了解 Rohan 的學習狀況，Boarding school 對學生的課業比較嚴格，這是 Robin 和 Hema 願意付出較多金錢，讓 Rohan 到附近的城鎮 Kurseong 上英語學校的原因。一大早 Hema 準備了一杯熱茶給我，之後就打扮得光鮮亮麗準備出門，這兒的婦女穿起傳統服飾，不論是 sharee（紗麗）或 kurta（庫兒答），總有種說不出的風情與美麗。我今天也穿了週二在市集訂做的 Kurta，（感謝裁縫師為我趕工，我昨天就拿到衣服了！），Hema 提議我們一起在家門前拍一張照片做紀念。

穿傳統服飾 kurta 出去亂晃畫畫的我，不論到哪裡都被指著說：『尼泊爾人（Nepali）！』，其實，就算不穿傳統服飾，從加德滿都到這兒，一路上我都被大家說我長得像尼泊爾人，真神奇，從東南亞到中亞，到南亞，我的臉孔到哪裡就像哪裡，行遍天下！（下次去巴克塔布，我決定換上 kurta，應該就可以不用買門票了吧！）

尼泊爾的古城

Barburt 油炸的香料穀片脆粉

Papad Hindi 語

tea time? No! Niger Time, Yes!

bhauja (一種看起來很像點心麵的麵條狀脆餅)

mango

Peiju

Sanju

Passang

"乾杯"

喝酒後不開車
飲酒有害健康

my diary

Niger 米酒

Passang邀請我去他家喝下午茶，但沒想到 Tea time 變成 Niger time，Passang 和太太 Sanju 拿出米酒 (自己釀的) 給我喝。

Passang曾在大吉嶺的 Himalayan mountaineering institute (登山訓練中心) 受訓，在尼泊爾加德滿都做過6年的登山嚮導，現在回到故鄉 Makaibari，協助 VIM 義工辦公室的業務，也帶觀光客到錫金山區健行，他分享了登山的照片，不禁又再度燃起我那幾近熄滅的登山夢，他知道我即將前往錫金，給了我許多行程及住宿建議，讓我放心不少。

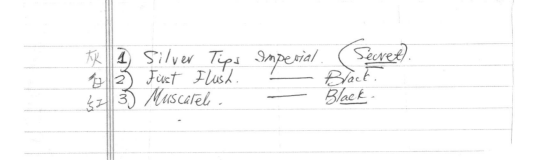

(1) 900 .R.S   (2) 360 RS   (3) 350 RS.

綠茶 100g, 90 RS

當地人消費得起的
紅茶 250g, 145 R.S

↑ 這是大老闆 Rajah Banerjee
上回在辦公室寫給我的紙
條，他寫下此地最好的茶
的名稱給我，灰色包裝是
最貴的 Silver Tips Imperial，
其他人知道老闆送我茶，莫不睜
大眼睛，Robin 說 Silver Tips Imperial
超貴，他說他在工廠工作這麼久，
連喝都沒喝過⋯⋯，唉呀！又
不是送給我的，只是託我帶回台
灣送給朋友A罷了！（不過，我一定
會硬拗他泡給我喝的！），這款茶曾創下高價紀錄，$1600/kg！
大吉嶺紅茶茶湯呈金黃色澤，有『茶中香檳』的美稱，
帶有特殊的葡萄果香，我忍不住大肆掃貨，從便宜到貴
的都買，據說初摘茶（春茶 First Flush）和次摘茶（夏
茶 Second Flush）風味有別，我要好好地領略一下！

Last dinner here ....

這是待在這兒的最後一
頓晚餐，Rohan 身體不舒
服，Ama 陪他留在房間
休息，一如往常地，晚上
總是會停電，我們在黑
暗中吃燭光晚餐……，
突然覺得有一點感傷，
也覺得時間過得好快，

左手是擦
屁股用
的，被視
為不潔。

大家都用手，
只有我用餐具。

用右手吃飯

一個多星期的時間，其實無法了解這個村子多少？
要怎麼樣才能了解一個村子的春、夏、秋、冬呢？千
萬不能抱持著 "that's all" 的想法，這裡的步
調好慢。什麼事都不急、慢慢來，在這裡，我習慣
了等待，而驚喜卻總是不經意地
在角落出現。
雖然停電了，民宿的家人卻總
是在我回房之前，預先在我房間
點上蠟燭，驅走黑暗……。

7月18日 (日) 前進大吉嶺

誰來頒獎給我這個打包高手呢？雖然這幾天內，多了2套 kurta、一件 sharee、6張手工紙卡片及筆記書、以及4包茶，但我還是非常厲害地全擠進我原本一大一小的行李中，我應該是一個天才吧！(灑花瓣繞轉圈⋯⋯)

Rohan 從昨天早上開始胃腸不太舒服，所以昨天晚餐及今天早餐，他都只吃了一點點，昨天 Hema 媽媽去學校拿成績單，Rohan 拿了好成績，媽媽買了貼紙給他當獎品，他很大方地要我從蝙蝠俠貼紙中挑一張喜歡的。

Rohan's stickers

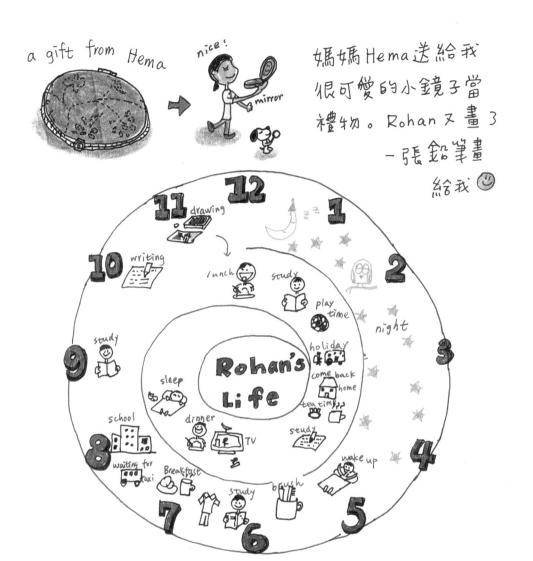

a gift from Hema

nice!

mirror

媽媽 Hema 送給我
很可愛的小鏡子當
禮物。Rohan 又畫了
一張鉛筆畫
給我 ☺

12
11 drawing
10 writing
9 study
8 school   waiting for taxi
7
6 study
5
4
3
2
1

lunch
study
play time
holiday
come back home
tea time
study
TV
dinner
sleep

Rohan's Life

wake up
brush
Breakfast
night
zzz

Rohan's daily life in Makaibari.
(～copy from Rohan's diary.)

明明在打包準備出發，但我還又跟 Rohan 一起完成
一張畫，因為他拿了一本本子，學我寫日記，他問我
可不可以教他畫那種我日記中表現一天作息的
timetable，我們一起畫在他日記本上，我還學他畫一張。

103

到底在講什麼?
*◎※#? ???
I enjoy the life here.
外星人的英語
自言自語, 很瞎的採訪。
video recorder
a photographer from Kolkata (加爾各答)
Mr. Abhra Aich

來自加爾各答的攝影師正在收集有關茶園紀錄片的素材,

我在離去之前, 接受了他的採訪。
Makaibari 茶園遠近馳名, 有很多茶園來觀摩這裡的自然農法, 恰巧今天有人包吉普車從大吉嶺來此參觀, Nayan 和 Passang 幫忙我搭上他們返回大吉嶺的順風車。

Share Jeep

這裡是山區, 所以最常見的交通工具是共乘吉普車, 在往目的地的方向, 路邊一招就有。

放行李 ←
後面原本放行李的地方, 會在左右靠窗處各加一排座位!

平常, 座位第①排, 司機加乘客, 可擠 3人
座位第②排, 乘客, 可擠 4人
座位第③排, 乘客, 可坐 4人

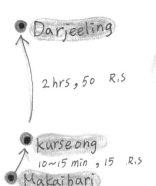

Darjeeling

2 hrs, 50 R.S

kurseong
10~15 min, 15 R.S
Makaibari

他們包下了整部車, 才坐 4個人, 一點也不擠, 爽!
directly ....
YA!
tea Factory
Darjeeling

不過, 遇到遊行示威活動, 很多車子無法開進大吉嶺。被堵在路上, 我們等了一個多小時!

REWANG GUESTHOUSE in Darjeeling

房間窗户直接面對毫無屏障的山景和雲海

※ 旅館在山頂上，離叫做 chowrasta 的雕像公園廣場很近，廣場週圍是觀光購物名店

有西式衛浴，24小時熱水，包三餐(吃起記)，每人每日 400 .RiS

聯絡電話：8972803884 ，找 Major wanzdi

@ pawang3@hotmail.com

 ▯ : 9474030016 ☎ 0354-2254450

Guests Are Requested To:
1. SAVE WATER
2. DO NOT WASH CLOTHS. LAUNDRY. SERVICE AVAILABLE AT RS 10/- PER ITEM.
3. GATE. CLOSES AT 9:30 P.M

Laundry??

好心的路人幫我打電話給旅館老闆，直接叫計程車把我送到旅館巷口，這是茶園的 Nayan 幫我訂的便宜旅館，非常乾淨，且有24小時熱水及西式馬桶衛浴，我決定今晚大洗澡一番，然後把衣服送洗，因為我不想用吹風機吹乾衣服了。

105

7月19日(一). 腳力大考驗

I need a poter.
我需要挑夫.

streets trekking??

galnu!
(tired)

Peiyu

依山而建
的房屋.

too steep!!

無數超陡
階梯, 恐怖

路明明又彎又小,
但車子還是用衝的!

compass

今天出門上

網探路兼購

物, 先把主要幾條大街道弄清楚再

說, 旅遊書上的地圖看起來很複

雜, 但真正走一遍, 發現

其實很好掌握, 我開

始慶幸昨天是坐計程車

到山頂的旅館, 不然

拖著大行李的我, 一定

會坐在地上哭, 因為路

好陡, 根本是用來訓練體能的!

cold

根本不像夏天

→ 頭巾 headscarf

→ 圍巾 scarf

→ 外套 coat

elev
2134m

冷

但因為下雨, 只好穿人字拖,
害我的腳好冷

106

My Permit for Sikkim

來到大吉嶺，其中一個重要的目的，是辦我的錫金通行證，其實在台灣辦印度簽證時，也是可以順便辦錫金通行證，但是在台灣辦要收費，在這裡辦免費，小氣的我當然選擇用腳力及時間換取金錢。

1° 前往 Foreigners' Regional Registration office 填表格

✳ 10am-7pm OPEN

本來沒有打算今天去辦，但這棟建築物實在太顯眼，不小心就經過，於是走進去瞧瞧，就填3表格⋯⋯。

2° 拿著蓋3章的表格，前往 Office of the District Magistrate ✳ Mon-Fri，11am-1pm & 2.30-4pm OPEN

因為路人甲乙丙幫忙指路，我在半小時內完成步驟1、2，沒花半毛錢，且不用帶照片及護照影本

許可證是一張紙。

7月20日 (二) 罷工! 罷工! 罷工!

My Guide Book

my book is wet
從台灣列印的資料泡水!

頭燈使用頻繁,所以需買電池,但我買了電池卻丟了芒果!

3號電池
9. RS.

好像每次出國都要上演一齣臨時抱佛腳的戲碼,不過印度的神真多,若要抱佛腳,還真不知要抱哪一個? 本來這趟旅行,尼泊爾是重點,只打算到印度大吉嶺兩週 (但現在我還在這裡混!),所以關於印度的資料,我完全沒看,現在才開始魔鬼式閱讀。

Gmail. Homepage. blog. facebook. plurk.

Internet
30 RS/1hr

早上先出門去上網,在 internet 海中漂浮,網路漂浮完畢後,準備去火車站寫生,沒想到竟遇到來大吉嶺辦事的 Nayan,他人真的很好,前天我因為示威活動而較晚抵達大吉嶺,他還打電話到旅館確認我是否平安抵達了,也多虧他幫我訂旅館,使我免去找　旅館之苦。

Nayan! shocked...

Nayan 竟穿短袖,而我包得一副雪人樣!

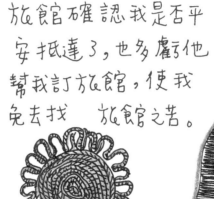

HAND MADE BY LOCAL WOMEN

Life & Leaf
a fair trade shop

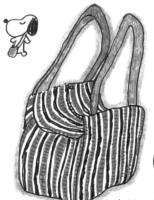

我很需要這樣大小的包包來裝午餐便當
(敗家藉口!)

Fair Trade

我很喜歡也很需要,也不曾擁有這樣大小的背包(敗家藉口)

WHY GORKHALAND?

20 I.R.S.
買了一本有關此地
爭取自治的小書.
研究 Gorkhaland
問題!

NATARAJ 621

Glue stick
25 RS.

scale
5 R.S

順便在文具店買
了口紅膠和尺,
因為我把我那支
神奇妙妙伸縮
尺送給 Rohan,結
果現在我是無"尺"之徒。

我終於明白為何 Makaibari 茶
園那兩個來當義工的德國女生每
個週末都要跑來大吉嶺了!

因為 Makaibari 十分十分地鄉下,
她們兩位想必悶爆了,記得有一天,
她們請 Passang 找計程車去 kurseong
購物,不過 kurseong 其實是個小鎮,賣
的全是生活日用品,怎麼比得上五花
八門的大吉嶺呢?這裡是很多觀
光客追火車及進出錫金的落腳處,市
中心範圍不大不小,要辦事買東西,
憑雙腳就可到,市容亂中有序,逛起
街來很舒服,也不會像加德滿都
那樣走兩三步就有人推銷東西或行程,
人種很多元,走在其中,不會覺得自己是
異類,反而很融入其中。

在商店買東西,常常都
是用報紙包起來給
你,連買衣服也用
報紙來包哩!買肉
和蔬菜也是……。

環保
隨手做

我買東西都用我的
無印良品購物袋哩!

Strike! Strike! Strike!

搭乘被列為世界遺產的高山蒸汽小火車,是此行目的之一,但......

Train station office is closed.

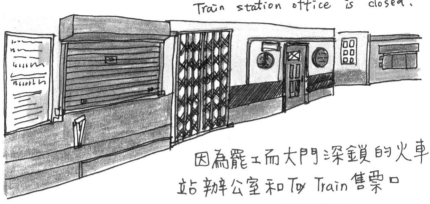

因為罷工而大門深鎖的火車
站辦公室和 Toy Train 售票口

MINIMUM PASSENGERS REQ-
-UIRED TO RUN "JOY-RIDE
SPECIAL TRAIN" i.e. 14D
& 16D (DARJEELING TO GHUM
AND BACK) IS 15 PASSNGR.
                    ·SM/DJ.

最少要15位乘客,往GHOOM
的 Toy Train 才會開,哇咧~

DARJEELING HIMALAYAN RAILWAY
Dedicated to the people of the world
by
Hon'ble Minister for Railways
Miss Mamata Banerjee
26th. November, 2000

NORTHEST FRONTIER RAILWAY
WORLD HERITAGE SITE

↓

大吉嶺高山蒸氣小
火車,1999年被登
錄為世界遺產!

TOY TRAIN
COUNTER

14D 10.40 A.M
16D 13.20 P.M

FARE 240.00 EACH

ROUND TRIP GHUM & BACK

→ 供觀光客體驗小火車
的時間表!

TOY TRAIN COUNTER
IS CLOSED

111

JOYRIDE

TRIP	NO.	FROM-TO	DEPARTURE	ARRIVE
1ST	14D	DJ TO GHUM & BACK	10.40	12.40
2ND	16D	DJ TO GHUM & BACK	13.20	15.40

JOYRIDE SPECIAL RUN WITH MINIMUM 06 AND MAXIMUM 40-50 PASSENGERS WITH 10 MINS. STOPPAGEATE AT BATASIA LOOP AND 30 MINS. STOPPAGE AT GHUM STATION

BOOKING FOR BOTH TRIPS IS DONE 90 DAYS IN ADVANCE THROUTH ALL INDIA RRS

TICKET FARE 240/ PER PASSENGER FROM 05 Yrs AND ABOVE

ENTRY FEE FOR GHUM RAILWAY MUSEUM INCLUDED

CONCESSIONS NOT ALLOWED   SM/DJ

112

這是另一種運氣嗎？火車因罷工而停駛，所以它們安安靜靜地停在那裡讓我畫，就算今天畫不完，明天任何時間再來畫也沒關係……，到底要罷工到什麼時候？我問了好幾個人，但每個人給的答案都不一樣（這點果然是十足的印度作風！），到底我要不要提前進錫金呢？也許先去錫金旅行再回來，火車站就恢復營運了！在畫畫的時候，看見好多外國遊客來探詢 Toy Train 到底什麼時候會開？有個鐵道迷跟我說，搭乘這高山蒸汽小火車是他的夢想（也是我的夢想啊！），但他實在沒有時間在這裡等罷工結束，我呢？我相信這個城鎮還有等著我去探索的地方，我決定照原訂計畫先待著。

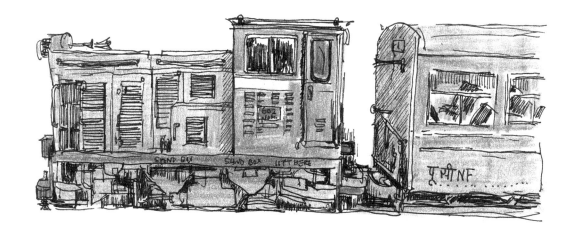

7月21日 (三) 美麗的印度郵票

今天一大早就被鳥叫聲吵醒，根據我的經驗，如果早晨的鳥叫聲很大，那表示今天是個大晴天，趁著天氣晴朗，且罷工的郵局今天會開門，我趕緊上街去寄明信片。

郵局、銀行及政府機關，到處都大排長龍。

India post, Darjeeling
郵局，位於大吉嶺市中心，美麗建築

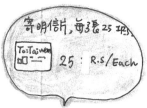

寄明信片，每張25盧比
To: Taiwan   25: R.s/Each

寄給好友彼得的手繪明信片
(附註：這張可憐的明信片迷路了！沒寄到！)

tea plucking
everyday
streets
trekking
tired
COFFEE INN
彼得，我是到世界著名的紅茶產地，為何你還是叫我買咖啡喝啦！喝茶啦！
KHUKURI

114

我很喜歡小孩子的畫，因此我選了這張郵票。每個小孩心中都有自己的夢想之國。

小孩子用彩色塗繪畫面接的大腦．明亮的色塊．那是他心中看到的單純世界．長大之前的世界。

一如往常地，收集不同地方的郵票。這裡推出的紀念票很多，我選了有關慶典的郵票。

印度，就像這郵票一樣，絢麗多彩，風情萬種，卻有種種讓人猜不透的神祕感。

Big Bazaar
購物中心
（※ 裡面店有免費, 且算乾
淨的廁所可上）

這裡實在是一個很神奇
的地方，同一條街上，一邊是現代化的購物中心，
一邊卻是超傳統的小吃店，堪稱兼容並蓄。
購物中心裡有一間咖啡館，樣子根本和台北
的咖啡館沒啥兩樣，十分現代化，老實說，
離開了原本的生活軌道，我就忘了咖啡的味
道，更何況這裡是大吉嶺，茶香當然勝過咖
啡香，我在 Makaibari 茶園時，早就把帶來的
咖啡掛耳包全送給當地朋友品嚐；然而，今天
經過購物中心時，突然很想上廁所，只好去
咖啡館點杯飲料，順便借用廁所……，
咖啡味道不差，我一邊看書，一邊打量著電影
簡介，盤算著找時間來看場電影。

7月22日（四）在日本佛寺沉澱心情

房間裡有一盞奇怪的，以前沒看過的燈，開日光燈就很亮了，多這盞燈，不知要做什麼？我直覺這是一盞捕蚊燈，旅行3個多星期來，我的身上多了好多處不知不覺，被蚊蟲叮咬的傷口，既有捕蚊燈，我何不善加利用呢？@#※…，但直至昨晚，我才恍然大悟，這根本不是什麼捕蚊燈，因為常停電，所以旅館為房客準備了充電式照明設備，應該只有我這天兵用它來捕蚊啊！

www.i-to-i.com
（貼在牆上有關志工旅行的海報！）

旅館的牆上貼了許多志工及兒童援助的資料及剪報，老闆和這些活動有關，難怪Nayan介紹我來住。

→ 小朋友的照片

剪報 ←

志工教小朋友說英語故事的照片

117

旅館老闆一眼看穿我的懶人症，昨天晚餐時，他問我拿到錫金通行證了嗎？去逛了哪些景點？他說：『你不能每天就這樣來回地走上走下，結果什麼地方也不去……』，他在我的旅遊書上圈了幾個景點；叫我要散步得遠一點……；怕他今晚會來檢查，我早上起床，迅速吃完早餐，跟管家報備中午不回來吃午餐後，我就往動物園的方向移動，奇怪咧？台北住那麼久，木柵動物園我只有在讀書時代校外教學去過，我現在來這裡看動物做什麼？#*@#，都怪我急於達成業績，忘了看旅遊書，到了動物園門口才發現『每週四休假』，只好摸摸鼻子走人，其實在早晨沿著山路散步真的很舒服，走下公路時，發現公路兩側布滿軍警，且路上很不尋常地有很多吉普車、卡車載滿人揮舞著旗子經過，我直覺一定有事發生，於是放棄茶園行程（天啊！茶園我還看不夠嗎？），重新走回市中心去一探究竟……（真是鄉民心態啊！）

（連車頂也坐滿人的 Jeep）

We Want Gorkhaland

（卡車上的人不斷揮舞旗子、呼口號）

罷工進行著，政府派遣來的軍警守在車站也挺無聊的，所以他們打開 toy train 的門，跑進車廂中聊天、講電話，既然連軍人都偷跑進去了，我當然也要進去坐一下，過過乾癮，不動的 toy train 乖乖讓我畫，這條高

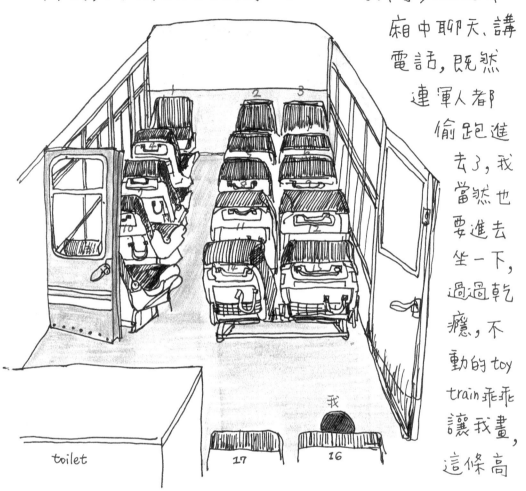

toilet
我
17   16

山鐵路，受限於地形，採用窄軌鐵道，故車廂很小，只有三排座位，我數了數，共有17個座位，這麼小巧可愛的火車，難怪被暱稱為 "Toy train"；荷著長槍的軍人看我畫得起勁，還掏出口香糖來請我吃。

WHY "GORKHALAND"? 廓爾喀之地

MAP OF PROPOSED STATE OF GORKHALAND

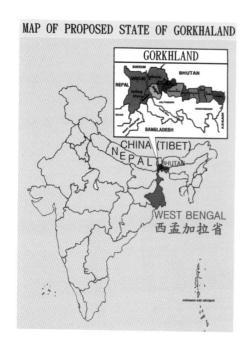

CHINA (TIBET)
NEPAL BHUTAN
WEST BENGAL
西孟加拉省

FLAG OF GORKHALAND
（旗幟上的文字是尼泊爾文）

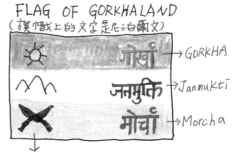

→ GORKHA
→ Janmukti
→ Morcha

Khukuri 廓爾喀彎刀，弧形刀身很特別
(Gorkha Janmukti Morcha 意為 Gorkha People Liberation Front)

Darjeeling 大吉嶺意為「雷電之地」，此地原本隸屬於尼泊爾王國，後成為錫金的戰利品，錫金將此地割讓給英國，來自尼泊爾的 Gorkha 廓爾喀族驍勇善戰，受僱於英國軍隊，因而構成大吉嶺的主要族群，長久以來，廓爾喀人、尼泊爾人、西藏人、錫金人、不丹人……等，在此混居共存、文化繽紛；印度獨立之後，此地被併入印度西孟加拉省，但就歷史、文化、種族、語言……而言，此地與通行孟加拉語的西孟加拉省格格不入，他們抱怨尼泊爾語被打壓、福利與權益不受重視，欲要求脫離西孟加拉省並另成一省自治，分離組織 GJM (Gorkha Janmukti Morcha) 在此地活躍，罷工、衝突時有所聞。

http://www.gorkhajanmuktimorcha.org/ 有更多資料！

日本妙山法寺

BUILT IN -1972
BY-FUJII GORUJI, JAPAN

NIPPONZAN MYOHOJI
BUDDHIST TEMPLE
→ peace pAGODA

PUJA :

MORNING - 4.30 A.M - 6.00 A.M
EVENING - 4.30 P.M - 6.30 P.M

ना मु म्यो हो रे गे क्यो
NA MU MYO HO REN GE KYO

Japanese
Peace
Pagoda

坐落在山林間的日本佛寺，傳來擊
鼓與誦經的聲音，距離傍晚
禮佛時間還有一小時，我先在庭
園畫了素描，而後上樓，跟著法師
們的擊鼓節奏，不斷誦念 "NA MU
MYO HO REN GE KYO"，這經文，這
氛圍，有種安定人心的力量，讓心沉澱。

121

西藏婦女的穿著

baku

→ 連身長裙

→ 腰中繫帶

→ 腰部圍上一塊叫做panden的布

MODEL OF TIBETAN MARRIED WOMEN

INDIAN FAIRY TALES

BY MAHARANEE SUNITY DEVEE OF COOCH BEHAR

買了一本印度兒童故事書,裡面有漂亮的插畫

ice cream

7 up

samosa

這兒有許多流亡至此的藏民,他們精於計算,有生意頭腦,主要從事商業活動,距市中心約20-30分鐘車程的地方,有西藏難民自助中心,學校.社區.地毯工廠....等,自成一格,大吉嶺周邊山區亦有許多藏傳佛教寺廟;大吉嶺是一個多元文化融合的地方,各民族文化雖不同,但並不衝突。

我覺得這裡不像印度,反而像是一塊獨立於喜馬拉雅山區的樂土,十分迷人,日本鐵道迷以及當地人也都覺得這裡不像印度,這裡兼容並蓄地守著它那份獨特的美。

(今天一波多折,所以我去吃甜點提振士氣)

7月23日 (五) 天啊! 這就是印度!

今天悲喜交加,又累又睏,但我覺得我還是把日記寫完
再去睡覺比較好!

昨天從日本佛寺走回來,我又不死心地去車站問火車什麼
時候會開?(在印度,對於一件事情,不管知不知道? 確
不確定? 都要不斷地問,因為上一秒和下一秒的狀況會有
差!),沒想到軍人、警察以及路人都很有自信地告訴我:
『罷工結束,明天火車會開!』,我聽了欣喜若狂,馬上想
到那個日本鐵道迷,他坐不到蒸汽火車很失望,準備離
開大吉嶺了,真想告訴他火車復駛的消息! 沒想到,我
竟然在街上再度遇見他,他聽了這個消息超開心,我
們決定早上八點就去買票。他退了旅館房間,買了下午的
巴士票,準備體驗完蒸汽火車就閃人,然而今天早上到
車站才知道火車明天才會開,我提議由我排隊訂票,讓

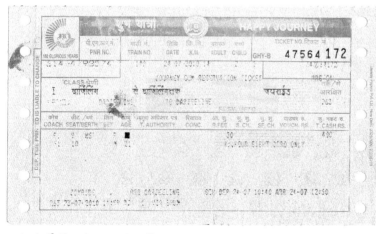

他趕快去
處理房間和
退巴士票的
問題,好
多留一晚!
晚上六點約
在chowrasta
廣場碰面。

↑這張票上有我和鐵道迷兩個人的位子,但票是我買的,所以他叫我留著做紀念。

Maybe. Maybe. Maybe.

1

🕗 8:00 AM

Will the toy train work at 10:40?

m..... maybe.

Peiyu — a staff in DJ train station

用我的破英文問問題

2

what? Maybe... (shocked).

不敢相信他們連兩小時後的列車都無法確定

3

You can come here at 10:30, then you will know.

10:40的列車，竟叫我10:30再來看到底會不會開....

4

🕙 10:00 AM

the toy train? ?

Today.... No....

staff

我故意提早去，再問，他們說今天不開！

5

No! Why?

工作人員的答案，重重地傷害我滿是期待的心

6

Today is the first day after the strike.. mm...... We are too busy.

什麼？隨便就決定火車不開，再說，你們哪裡 too busy 了！

7

tomorrow?

tomorrow... mm.... maybe..

明知可信度不高，但仍忍不住追問明天火車會不會開？

8

Maybe

這個 Maybe 的答案，又重重地震撼了我！

9

You can reserve your ticket there.

court

明明說 maybe，卻還建議我先去訂票，算你厲害！

124

Crazy. Crazy. Crazy.

10 10:10AM  還好有早點出來，排滿前面的……	**11** 10:40AM  怎麼愈排愈後面	**12** 11:00 AM  到底發生什麼事了？
13 **Please mantain "Que"**  (angry) 我實在受不了有人插隊，請…給我好好排隊！	**14** staff work slowly. staff sometimes he went outside the office. staff chatted with another staffes. 工作人員不僅動作慢還常不知跑去哪裡聊天.	**15** 11:30AM **broken!** printer  印表機竟然壞了，而且墨水匣沒水了，他們竟是抽出帶子，塗滿墨水，再重裝回去！
16 11:45AM I touch the court.  oh:YA! Finally,… I am No.1 in the line. 終於，輪到我了，排在第一個的感覺真好.	**17** 11:50 AM LINK Failure  嗚~我要哭了，好不容易輪到我，電腦卻出問題. 我不甘心放棄，但久站頭暈，我決定蹲坐下來抗戰	**18** 1:00PM …exhausted… ticket 總算，皇天不負苦心人，我買到票了！ It's India, I get it！ 這件事，讓我深刻體驗什麼叫做印度。

我的蒸汽小火車 "Joyride" 預約單

पू० सी० रेलवे/N. F. RAILWAY एन० एफ० टी०—260/N. F. T.-260

आरक्षण/रद्दीकरण मांग पत्र/RESERVATION/CANCELLATION REQUISITION FORM

यदि आप डाक्टर हैं, तो कृपया खाने में सही (✓) का निशान लगाएं (आप आपात काल में आपसे मदद ली जा सकती है)
If you are a medical Practitioner Please tick (✓) in box (You could be of help in an emergency)

यदि आप वरिष्ठ नागरिक रियायत चाहते हैं तो खाने में हाँ/नहीं लिखें
(यदि हाँ, तो कृपया वर्तमान रेलवे नियमों के अंतर्गत दंड से बचने के लिए यात्रा के दौरान आयु की प्रमाण साथ रखें)
If you want Sr. Citizen concession, please write Yes/No in box (If Yes, please carry a proof of
age during the journey to avoid inconvenience of penal charging under extant Railway Rules)

क्या आप बिनाकिसी अतिरिक्त प्रभार का अपग्रेड सुविधा का लाभ प्राप्त करना चाहते हैं ? बॉक्स में हाँ/नहीं लिखें।
(यदि इस बिकल्प का प्रयोग नहीं किया जता तो पूरे किराये के भुगतान करने वाले यात्रियों का स्वतः अपग्रेड जा सकता है)
Do you want to be upgraded ? Write Yes/No in box.
(If this option is not exercised, full fare paying passengers may be upgraded automatically).

गाड़ी सं० और नाम/Train No. & Name........14 D...........यात्रा की तारीख/Date of Journey.24/08/10
श्रेणी/Class.........1...........शायिकाओं/सीटों की सं०/No. of Berth/Seats.............
स्टेशन से/Station From. Darjeeling ....स्टेशन तक /To. Ghum Darjeeling (來回票,故
यात्रा आरंभ करने का स्टेशन/Boarding at Darjeeling ...आरक्षण स्टेशन तक/Reservation upto.......起站點終站同名!)

Sl. No. क्रम सं०	नाम स्पष्ट अक्षरों में (१५ अक्षरों से अधिक न हो) Name in Block Letters (Not more than 15 letters)	लिंग पु०/स्त्री Sex M/F	Age आयु	रियायत/यात्रा विशेष प्राधिकार सं० Concession/ Travel Authority No.	मांग, यदि सं० कोई हो Choice if any
1.	Chang Pei-Yu	F	☺		निचली / उपरी -शायिका LB, UB Berths
2.					
3.					शाकाहारी / मांसाहारी भोजन (केवल राजधानी / शताब्दी एक्सप्रेस के लिए)
4.					Veg./Non-Veg.
5.					meal for Rajdhani/
6.					Shatabdi Exp. only

५ साल या कम उम्र के बच्चे (जिनके लिए टिकट जारी नहीं किये जाते है)/CHILDREN BELOW 5 YEARS (FOR WHOM TICKET IS NOT TO BE ISSUED)

S.No. क्रम सं०	नाम स्पष्ट अक्षरों में Name in Block Letters	लिंग Sex	आयु Age
1.			
2.			

आगे की यात्रा/वापसी यात्रा का विवरण/ONWARD/RETURN JOURNEY DETAILS

गाड़ी सं० और नाम/Train No. & Name........14 D............तारीख/Dt. of Journey 24/08/10
श्रेणी/Class.........1...........स्टेशन से/Station From Darjeeling ..स्टेशन तक/To. Darjeeling
आवेदक का नाम/Name of Applicant. Chang Pei-Yu
पूरा पता/Full Address. Rewang Guest house, ... Chang Pei-Yu
Darjeeling ....आवेदक/प्रतिनिधि के हस्ताक्षर
Signature of the Applicant/representative
टेली/मो, यदि हो/Tele/Mob. if any.............दिनांक/Date 23/08/10 समय/Time. 10=30

केवल सरकारी प्रयोग के लिए/FOR OFFICIAL USE ONLY

मांग पत्र की क्रम सं०/Sl. No. of Requisition.........पी० एन० आर० सं०/PNR No...........
शायिका/सीट सं०/Berth/Seat No...........वसूल की गई रकम/Amount Collected...........

आरक्षण लिपिक के हस्ताक्षर/Signature of Reservation Clerk

टिप्पणी/Note:
1. एक मांग पत्र में अधिक से अधिक ६ व्यक्तियों के नाम दिये जा सकते हैं/Maximum permissible passengers is 6 per requisition.
2. एक बार एक व्यक्ति से केवल एक ही मांग पत्र स्वीकार किया जाएगा/One person can give one requisition form at a time.
3. कृपया खिड़की छोड़ने से पहले अपने टिकट की जाँच कर लें/Please check your ticket & balance amount before leaving the window.
4. ठीक ढंग से न भरे हुए तथा अपठनीय फार्म स्वीकार नहीं किए जाएंगे/Forms not properly filled in or illegible shall not be entertained.
5. विशेष मांग पर केवल स्थान उपलब्ध होने पर ही विचार किया जायगा/Choice is subject to availability.
6. एक टिकट पर बुक किये गये यात्रियों की अपग्रेड की गई श्रेणी में एक साथ इकट्ठे भी स्थान दिया जा सकता है अथवा नहीं भी दिया जा सकता है/Passengers booked on a single ticket may or may not get compact accomodation in the upgraded class

N. F. Rly. Press. 5/81/0801/481-2008-50,00,000 Forms.

126

post office
in Darjeeling

parcel service

我的行李快爆了，我要把一些沒有用·佔空間的東西寄回台灣。

你指的該不會是我吧？

去郵局寄包裹！

（明知�唔係很可以信任，但我還是去寄了！）
（附註：後來，包裹竟然神奇地比我更早抵達台灣！）

1°

一針一線，快速縫好，大叔有練過！只花10分鐘。費用40.RS

要寄的東西不用包裝，郵局的大叔會先幫你把體積擠壓到最小，細心地幫你包上一層塑膠袋防水，然後剪一塊合適大小的白布，一針一線地縫好！

2°

之後，大叔把紅色的蠟放在火上讓蠟稍微融化，然後蓋在包裹的針線接縫處，並用銅製印章在蠟上加印，有彌封的意味，整個包裹被蓋了10幾個小紅圓點；同時，大叔也拿一張表格給我填！

3°

大叔把我填妥的表格摺成小張紙條，用釘書機釘在包裹上，再用麥克筆在包裹的正反兩面各寫上"To:"及"From:"，之後他把麥克筆交給我，讓我自己寫地址，寫好之後就拿去櫃台寄。

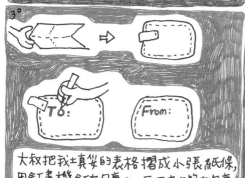

4° 櫃台咕展·會講了一串語，之後收了我575.RS，然後給了我一張收據。

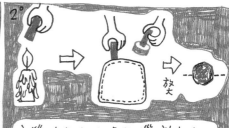

भारतीय डाक
India Post

DARJEELING HO <734101>
fon-AIR-RP A 55553
Counter No:1.OP-Code:1
To:CHANG PEIYU,TAIPEI
    TAIWAN. PIN:▮▮▮▮▮▮
              ↳ ADDRESS
Wt:1245grams.
Amt:575.00 . 23/07/2010 . 09:06
<<○>>

127

1,5 m

好怕牠跳過土壕溝衝過來

Himalayan black bear

下午反正沒事做，不知不覺就往動物園的方向走去，至少這裡可以是我不用大腦的地方吧！這座動物園海拔 2150m，四周是蓊鬱的樹林，散步起來很舒服，是一座自然多於人工的動物園。

Welcome to PADMAJA NAIDU HIMALAYAN ZOOLOGICAL PARK

SNOOPY　你家好大！

Red Panda 害羞可愛

Snow Leopard 好有威嚴

Hello

Keep silence ssssh..

Indian Tiger

Please keep safe distance from the enclosure

Please do not tease or Feed the animals.

128

1953年
我是第一個登上世界最高
峰的人!!

On 29th, May, 1953 history was made. Tenzing Norgay sherpa along with Edmund Hillary became the first man to climb "Mount Everest".

喜馬拉雅登山訓練中心

就在動物園裡面，裡面還有介紹征服聖母峰的登山隊伍及其裝備，另外還陳列了一些西藏文物。博物館外是雪巴人 (sherpa) Tenzing Norgay 的塑像，他是登上聖母峰的第一人 (和紐西蘭的 Edmund Hillary 一起)；雪巴人是蒙古族的一支，「雪巴」的意思是「來自東方的民族」，他們居住於高山地帶，近年來，在登山健行活動中，多擔任嚮導或挑夫，「雪巴」一詞已成為「登山嚮導或挑夫的同義詞。

MAY (YOU) CLIMB FROM PEAK TO PEAK

HIMALAYAN MOUNTAINEERING INSTITUTE

129

7月24日(六) 玩具火車,嘟~嘟~嘟

天有不測風雲,相機有旦夕禍福。昨天,Nayan 幫我修好

my camera is broken again.

的相機,被我重重地摔落在郵局的地上,都怪我太專心觀察大叔縫包裹外衣的一舉一動,才會發生這種大悲劇,我看它應該是徹底完蛋了,就算迴光返照,暫時可用,也不保證能撐到旅行結束,更何況,它根本就完全沒反應了!

相機摔壞後,心情真的滿沮喪的,後來散步去動物園,心情慢慢變好,想起以前朋友說過的一句話:『可以用錢解決的事,是天下最簡單的事!』,這裡是大吉嶺,不是窮鄉僻壤,可以買到新相機,我用美金去換了一大疊厚厚的盧比,在相機店選了一台最便宜、最簡單的相機,雖然速度慢了些,但我已經很滿意了,附贈的3號電池充電器也剛好可以讓我為頭燈、

new camera

Canon PowerShot A95

battery charger

battery (rechargeable)

翻譯機的電池充電,減少購買電池,比較環保……,每次按下快門,都好珍惜,好感恩。

我和日本鐵道迷乘坐的是給觀光客體驗的行程，只行駛一站，從大吉嶺到 Ghum，往返約 2 小時，每人 240 RS，火車汽笛聲一響，我們都好興奮，不敢相信夢想竟然成真！

窄軌具有較大地形適應空間

61cm

因為坡度大，彎曲半徑較小！

窄軌火車，軌距只有 61cm，僅三排座位！

kang chen junga

GHUM

GHUM是印度海拔最高的車站，這裡有一個火車博物館。

在鐵軌上灑砂子增加摩擦力，比較不會打滑，比較容易前進！

View最好的一段是在Batasia Loop這個地方，大吉嶺域鎮風景一覽無遺，火車會停下來讓大家拍照，運氣好的話，可以看到康城章嘉峰！火車在此沿著環狀軌道攀升，以緩衝上山的坡度。

車速慢，常有人跳上跳下搭順風車！

火車速度超級慢，最快不超過 15 km/hr，當火車進入市街，離兩側民宅相當近，要從窗口勾一包雜貨店的洋芋片非常容易！

鏟煤

水

屬於水櫃式火車頭，沿途設有加水站，火車會停下來加水！

嘟 嘟 嘟
煤
史小比不用買票！

Darjeeling Himalayan Railway (DHR)

DARJEELING HIMALAYAN RAILWAY 1879

131

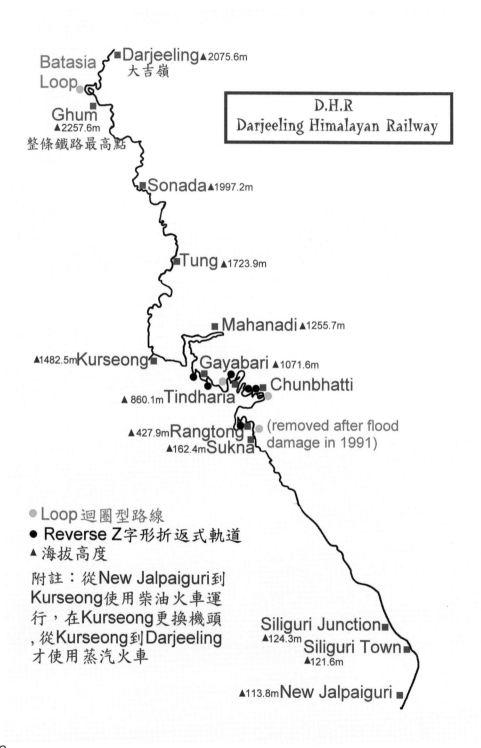

Batasia
Loop

■Darjeeling ▲2075.6m
大吉嶺

Ghum
▲2257.6m
整條鐵路最高點

■Sonada ▲1997.2m

■Tung ▲1723.9m

■Mahanadi ▲1255.7m

▲1482.5m Kurseong ▲1071.6m Gayabari

Chunbhatti

▲860.1m Tindharia

▲427.9m Rangtong

▲162.4m Sukna

(removed after flood
damage in 1991)

D.H.R
Darjeeling Himalayan Railway

● Loop 迴圈型路線
● Reverse Z字形折返式軌道
▲ 海拔高度

附註：從New Jalpaiguri到
Kurseong使用柴油火車運
行，在Kurseong更換機頭
，從Kurseong到Darjeeling
才使用蒸汽火車

Siliguri Junction■
▲124.3m Siliguri Town■
▲121.6m

▲113.8m New Jalpaiguri■

大吉嶺喜馬拉雅森林鐵路由英國人完成興建，
當時大吉嶺已是著名紅茶產地，為了產業運輸方便起
見，乃興建鐵路，1881年正式完成通車。(這與台灣
阿里山鐵道在殖民時代的興建背景相似!)，為了克服
多山的地形限制，此高山鐵道做了許多巧妙的設計，
其中，重要特色有：

迴圈型路線(Loop line)
火車以迴繞方式拉長行駛
距離，以降低坡度，使海拔
高度獲得提升。

In a loop, the train is made to gain
height by the track circling round and
passing over itself by tracing the
natural contours at the end of a
spur of a hill.

So smart!

乙字形折返式軌道 (乙-Reverse)
火車爬坡時，鐵路呈「乙」字形曲折
前進，時而前進，時而後推，靠著不
斷正反方向推拉，使火車緩慢攀升
高度，俗稱的「阿里山碰壁」亦是如此!

When the train moves forwards, reverses,
and then moves forward again, climbing a
slope each time while doing so, it gains
height along the side of a hill. This is called
a 乙-Reverse.

累!

神奇

阿里山也有!

從shiliguri西里谷里到Darjeeling大吉嶺，搭共乘吉普車只需3
小時，搭火車卻得耗上8到9小時，但這段路程從
海拔一百多公尺上升到兩千多公尺，景色變化無窮，吸引
世界各地的觀光客來此搭火車，享受慢速播放的風景。

HAYDEN HALL 是一個協助婦女就業的機構,其執行內容亦擴及房屋建設、醫療照護、教育等方面;它有自己的商店和工廠,訓練婦女編織等技能,協助產品銷售;這間商店是茶園的Passang告訴我的,靠近 Foreigners' Regional Registration Office 及 SBI BANK, 在這種公平貿易商店買東西,不用為了價格殺來殺去,又可以幫助當地人,且東西很有特色,手工是無價的。

上圖:在經線中將緯線織入

下圖:在處理纏繞經線的部份

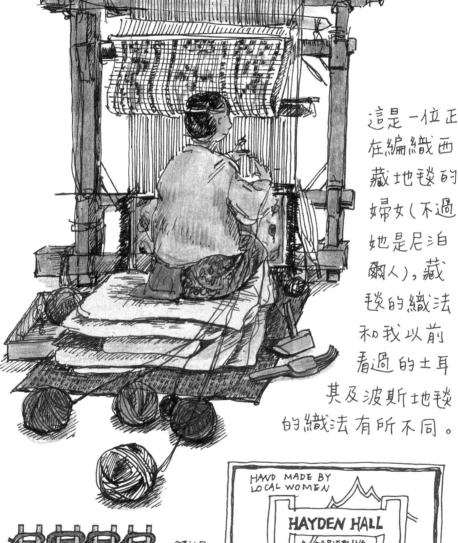

這是一位正在編織西藏地毯的婦女（不過她是尼泊爾人），藏毯的織法和我以前看過的土耳其及波斯地毯的織法有所不同。

① → ②

鐵桿

7月25日〈日〉在印度上教堂

▼位在小山丘上的古老教堂

1828年，兩位英國官員來到大吉嶺，認為這片僻青爭之地，是設置療養所的絕佳地點，1835年，錫金人從尼泊爾人手中拿回這片土地後，將這塊土地租借給英國殖民政府，東印度公司的勢力進來後，此地搖身一變，成為世界有名的紅茶產地，並設置了高山火車站，令此地多了殖民色彩，座落在市中心北方的 St. Andrew's 教堂建於1843年，為歷史見證。

今天是輕鬆的一天，其實還有好幾個所謂的『景點』沒有去看，但我懶得動，就給自己放個假吧！因為明天就要展開不知會在何處落腳P的大移動，而且昨天去詢問 share jeep的時刻表與價格，工作人員告訴我，我要前往的那個地方有山崩，落石阻路，必須到某一定點下車徒步，之後由另一方的吉普車接駁……，喔！我要去的到底是什麼樣的地方啊？我為什麼要去那裡啊？

今天早上9:00，先去教堂做禮拜……這裡的信仰好多樣，而我碰到什麼就信什麼，教堂裡的氣氛真好，但因沒有鋼琴或風琴，所以唱聖歌是用吉他伴奏，那歌聲真美，不管是什麼宗教，其所具備的場所精神總讓我覺得靜定……。上完教堂，我

走下山坡去裁縫師那兒拿衣服，之後我決定到外國人出沒的景觀餐廳喝貴婦下午茶，寫寫日記，看看書及報紙。

茶用厚重的銅壺裝著，壺的線條很美。把手罩著不織布，以防燙手，雖是景觀餐廳，但價格便宜。一壺茶不到50台幣。

137

今天雨實在下太大了，我的傘很小，腰包老是被雨打濕，後來我乾脆把我的屈臣氏大購物袋綁在腰包上，蓋住腰包，不但可以擋雨，又可充當購物袋使用，旅館的管家說我很聰明，可是地邊說邊笑……。

這是在尼泊爾、印度旅行以來，第一次看到垃圾桶，顯示行政當局治理有方。

傍晚五點時，雨終於停了，雲散開之後，陽光從餐廳的大片窗户照進來，下午坐在這裡之後，窗外一直都是白茫茫一片，現在我才知道，原來那一片山景這麼美，書上說，在大吉嶺可以望見 世界第三高峰 Khang chen dzonga（康城章嘉，8598m），然而，從我來到這裡，卻從來沒有看清楚山的稜線，雲霧不只隱蔽了山，風一吹，它們停駐在這城市的每個角落；我坐在 chowrasta 廣場週邊的長椅上，人們三三兩兩地，像是從迷霧森林中走出來，『要喝茶嗎？』，我又從小販手中要了一杯奶茶，哈一口氣，又成了緩緩上升的霧……。那些旅遊書上說的景點，沒去我也不會在意，每天傍晚，我總會在這兒坐上一個小時，把廣場上來來去去的人們，看成一幅有趣的風景。

7月26日(一) 前進錫金

室內18℃

好可怕，天上一定有鬼神在打架，昨晚不但停電，而且還狂風暴雨、打雷閃電，雨勢驚人像颱風天，我心中一直祈禱今天早上可以是大晴天，因為全世界最狼狽的事，應該就是拖著笨重大行李、冒著大雨走在印度泥濘的街道上，昨晚把自己洗得那麼乾淨全是枉然......。

toast　　banana

milk tea

omlete

吃完管家為我準備的超豐盛晚餐（吃超飽，今天應該有體力移動大作戰！），我把奶茶倒進水壺，再檢查一次行李是否用各式塑膠袋做好層層防水，這裡都用報紙裝東西，很少用塑膠袋，所以我從台灣帶來的塑膠袋顯得很珍貴，就算髒了，我也洗淨晾乾再用，不敢浪費，更何況，接下來要去的錫金，可是個禁用塑膠袋的地方。

好了，不能再混了，聽到窗外呼呼的風雨聲，真想留下睡大頭覺，不，硬著頭皮去搭車吧！我把錫金通行證用塑膠袋包好，放在方便拿取的地方.....，走吧！

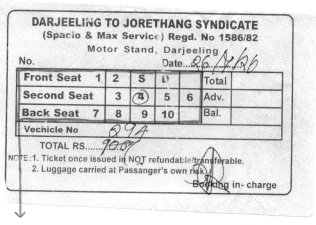

這是座位表，一輛share jeep，不含司機，共可擠進10位乘客，①②位置較寬敞舒服，③⑥⑦⑩靠窗，可稍微喘喘氣，④⑤⑧⑨被左右夾攻，最不舒服，我的位子是編號④，簡直動彈不得，行李都綁在車頂，或塞入車子裡，任何縫隙也不放過。

我終於搞清楚賣票給我的那個人口中的『山崩』，到底是什麼意思？根本不是我想像的『落石阻路』而已，山路崩塌，只剩一條細縫般的小路，他們要乘客提行李走到對面搭另外一輛前來接應的車子，真佩服印度人做生意的衝勁！這一路上處處有落石，無數個U turn大轉彎，超窄的路面讓『會車』變得很驚險，看著泥流挾帶土石，如萬馬奔騰，『窮山惡水』這句成語掠過腦中。

140

到了檢查哨，因為我坐在吉普車裡動彈不得，司機要我把許可證和護照交給他，他幫我拿去蓋章，向來護照不離身的我，從來不隨便把護照交給人，不過，這裡有這麼多雙眼睛盯著，崗哨滿布軍警，應該不會有問題吧！全車只有我是外國人，大家一起陪我等待軍警為我蓋章放行。

終於進入錫金了，我在Jorethang換車，路好像變好了！

錫金原本是東喜馬拉雅的一個小王國，1975年併入印度，印度惟恐錫金會再鬧獨立，甚至向中國靠攏，因此每年都會撥一大筆補助款給錫金，造橋鋪路、大舉建設，以拉攏錫金人的向心力，每一項政府所做的建設都會立個牌子註明共花了多少錢建設錫金。

在一個只有路邊幾間房子的荒郊野外，司機告訴我：『Pelling 到了！』，天哪！這是哪裡呵！我來這裡做什麼？
培林
我把茶園Passang寫的紙條拿出來，沒想到在這裡碰到的第一個男人就是我要找的人！

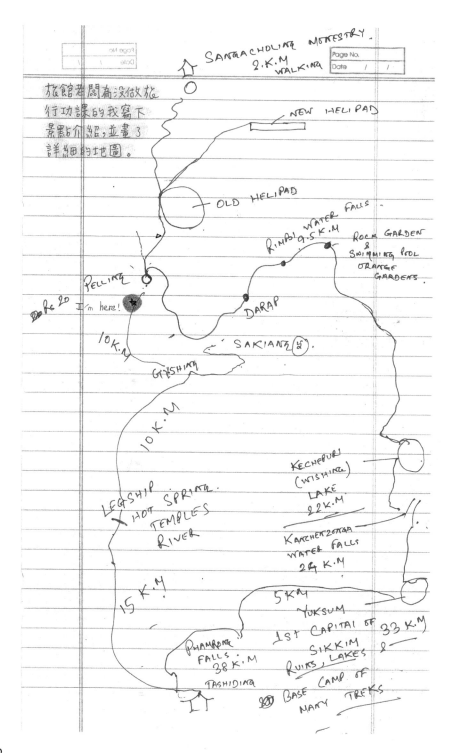

旅館老闆為沒做旅
行功課的我寫下
景點介紹,並畫了
詳細的地圖。

SANGACHOLING MONESTRY.
2.K.M
WALKING

NEW HELIPAD

OLD HELIPAD

RIMBI WATER FALLS
9.5 K.M

ROCK GARDEN
&
SWIMMING POOL
ORANGE
GARDENS.

PELLING
I'm here!

DARAP

10 K.M

SAKIANG (½).

GEYSHING

10 K.M

KECHEPURI
(WISHING)
LAKE
22 K.M

LEGSHIP
HOT SPRING
TEMPLES
RIVER

KANCHENZONGA
WATER FALLS
24 K.M

15 K.M

5 KM
YUKSUM
1st CAPITAL OF
SIKKIM
RUINS, LAKES &
BASE CAMP OF
MANY TREKS

33 K.M

PHAMRONG
FALLS
38 K.M

TASHIDING

142

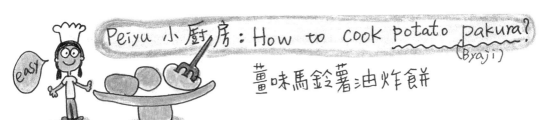

Peiyu 小廚房：How to cook potato pakura?
(Byaji)

薑味馬鈴薯油炸餅

① 蒸熟馬鈴薯 或水煮馬鈴薯磨成泥，薑切碎，
　與馬鈴薯泥混合，加一點鹽巴或辣椒碎粒。

② 揉成半個拳頭大小的橢圓球，裹上 grain
　powder，下鍋油炸。　　besong (用鷹嘴豆磨成的粉)

又，可以舉一反三，做成其他不同口味，
　例如：ginger pakura，用洋蔥、薑、辣椒
　　　等切碎，混合後，裹粉油炸。

"How to cook "chicken curry"?
雞肉咖哩

① 鍋內放油，將洋蔥炒香至呈褐色。

② 加入 cumin powder
　　　　蕃茄
　　　　　雞肉
　拌炒之後，加少許鹽巴。

③  蓋上鍋蓋，悶著燉煮，不定
　　　　　時去翻扒攪。

又停電了，我們在廚房點油燈照明。

④ 加入薑泥，翻炒，最後灑上芫荽葉子。

143

7月27日(二) 全世界最美麗的教室

Sangachoeling Gompa

據說這是錫金古老的藏傳佛教寺院之一，雖然旅行的經驗告訴我，通常這種寺院是在山頂……，但我還是硬著頭皮走上去，不過我心中還是跟上次爬小山一樣，在心中偷偷地說：『最好上面是有美麗的風景啦！』、『下次再也不爬山了』，

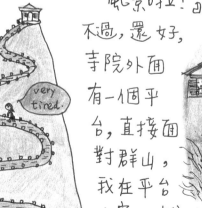

very tired.

不過，還好，寺院外面有一個平台，直接面對群山，我在平台

上寫生，然後睡了一個滿意的午覺；光是這裡的風景，就讓我發呆了一整天，哪兒也沒去。

144

高山上的教室，藍天為頂，青山做牆！

在群山環繞的瞭望平台上，喇嘛正在批改小喇嘛的藏文作業，這是我所見過最美麗的教室。

寺院裡的小喇嘛們必須學習藏文和英文，今天老師不在，由年長的喇嘛為他們批改作業，小喇嘛們在教室裡一邊在嬉鬧著，一邊寫看起來高

我的名字peiyu 的藏文寫法(左邊) 及孟加拉語寫法(右邊)	ริ དབྱར།	◌ꠕ-ꠅ◌ PEI-YU

深莫測的藏文，最小的喇嘛只有四、五歲，寫完了就拿出來給年長的喇嘛批改，我突然想到「高山上的世界盃」這部電影，因為，他們不過是一群孩子罷了，為什麼他們會在這裡呢？誰替他們做了選擇？

MONESTIC SCHOOL

145

7月 28 日 (三) 看見康城章嘉山峰

Lotus Bakery 的簡介海報

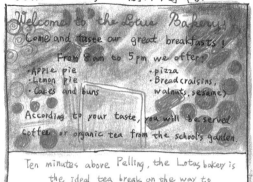

Welcome to the Lotus Bakery!
Come and taste our great breakfasts!

From 8 am to 5 pm we offer:
- Apple pie
- Lemon pie
- Cakes and buns
  - pizza
  - Bread craisins,
  walnuts, sesame)

According to your taste, you will be served coffee or organic tea from the school's garden.

Ten minutes above Pelling, the Lotus bakery is the ideal tea break on the way to Pemayangtse monastery

The products generated from this unit will provide education to the deprived children of sik-kim, free of all costs

To taste our products is the best way to help them!

The bakery and DPCA School are supported by Muyal Liang Trust

這間烘焙店是隸屬於 Pemayangtse 寺院協助成立的孤兒學校，他們除了教孤兒們讀書寫字，還教導他們一技之長，我每次經過時，都過了營業時間，今天特地去買來吃。

SELF SERVICE IS BEST SERVICE

NO CREDIT

1

我在 Lotus Bakery 買了茶葉，因為我對感人的故事沒有抵抗力，前天因為躲雨的關係，誤闖孤兒學校，他們帶我參觀學校，校園旁有座小茶園，學生種茶，採茶，並手工採製，提供販售。

今日重點行程：Pemayangtse 寺院

PEMAYANGTSI MONASTERY ESTATE
PIN-737113. Phone(03595) 250656
SL. NO. 035   West Sikkim   Date 28/07/10

ENTRY FEE

RS.20/-Each Person   UDOR CHESUM
No entry Fee for Students   PEMAYANGTSI MONASTERY ESTATE

Pemayangtse Gompa 的門票，院內有美麗的壁畫

▲ 水彩向來就不是我的強項，每次畫水彩時，都
有種『舉步維艱』的感覺，今天在寺院裡，那些
樑柱與牆壁上的彩繪，還有從窗戶斜射而進的
陽光，讓我想畫水彩，但是「見樹不見林」的關係，讓
我畫得很糟，一度想放棄，但我想起很久以前老師
說：『不要放棄任何一張畫，因為你可以把它改成另一張。』

147

Help!

Banana Pancake

delicious!

banana
pancake

在台灣，我從來不會
主動去買香蕉來吃，因為
我覺得香蕉是一種長相
和口感皆很奇怪的水果(台
灣蕉農原諒我!)，但在這裡，香蕉和芒果是常見且
便宜的水果，今天我吃了香蕉鬆餅，口感超棒☺，
經理太太跟我說作法很簡單!(奇怪，
我做過香蕉蛋糕和香蕉馬芬糕，怎沒
想過香蕉鬆餅，人的思考模式果然是
會被侷限!)

→sharee

easy

Peiyu 小廚房：How to cook "Banana Pancake"

1° 鬆餅粉加水、牛奶混合(我都是用麵粉加
一點低鋁泡打粉!)

2° 倒入平底鍋、待略熟凝固時，鋪上香蕉薄片，翻面煎熟即可!☺

momo 蒸餃

chow mein 炒麵

便宜小店的食物用
葉子做成的免洗餐
具裝著。

（感謝旅館經理及其太太，一發現山峰露臉，就來敲我房門！）

很可能是我特別幸運吧！在大吉嶺，因為天氣不好，
而無緣一窺全貌 Khangchendzonga（康城`章嘉）山峰，
竟然在 pelling，被我看見了，在今晚，烏雲散去，月
光照在山頂的積雪上，在黑夜中閃爍銀白光輝，真美！
清晨，日出時又看見一次，隨著日光變換顏色，看呆了！

7月29日（四）孤兒學校

　今天的行程很滿，因為 Pemayangtse 寺院 和 D.P.C
孤兒學校昨天都分別邀請我去參加他們早上的 puja
（禮拜）。

今天的日期 ←

每堂課會有小朋友用
粉筆寫上該科目名
稱.

CLass Ⅲ
（三年級）

小朋友放書包
和簿本的地方 ←

他們邀請我一起上課，這是
D.P.C 學校上課的情形，這堂課是英文，
一堂課有 40分鐘，前 20分鐘，老師一邊念課本上的生字及
課文，一邊解釋，並隨時問問題，這所學校上課一
律用英文，但是並不是每位小朋友都有課本，所以老師要
　大家 share 書本。後 20分鐘，要小朋友自己念課文，老師
　　不是跑出去，就是來跟我聊天。（四）

150

（經濟學課本封面）

另一堂課，
我上了九年級的
經濟學！

內容：

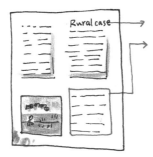

第三章 → poverty as a challenge

概述 → overview

介紹 → Introduction
兩個貧窮相關的例子 →
都市個案 → Urban case

鄉村個案 → Rural case
上課讓學生討論的問題 →

Study the above cases of
poverty and discuss the following
issues related to poverty :

• Landlessness
• Unemployment
• size of families
• Illiteracy
• Poor health / malnutrition
• Child labour
• Helplessness

Kama
topden

traditional
dress

photo 經濟學老師穿著
傳統紗麗和學生合照！

教授藏文的老師穿
著錫金傳統服飾

這堂課講述的內容是有關印度的貧窮
問題對整體社會構成的巨大挑戰，
同樣以英文上課，老師也問了我有關
台灣是否常見遊民乞丐？我大略敘述
了狀況，並解釋了台灣的社工單位
所做的努力……（進班級上課最
大的問題就是會被問問題，真是
給他超級緊張！）

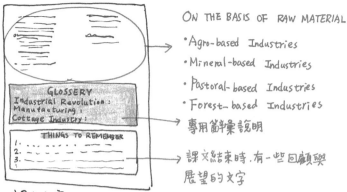

ON THE BASIS OF RAW MATERIAL
- Agro-based Industries
- Mineral-based Industries
- Pastoral-based Industries
- Forest-based Industries

→ 專用簡彙說明

→ 課文結束時,有一些回顧與展望的文字

社會科學課本（分成歷史.地理兩大篇章,我今天上地理）

課文內容：今天上的是印度的工業,只有上一小段,介紹利用印度本地農林礦牧等資源所發展出來的工業,我覺得好簡單！☺

這個老師有點嚴格,一直跟我在一起的八年級小女生 Pramila 跟我說地不喜歡這個老師,老師上課很嚴肅,而且問同學很多問題,但大家都不會,通通都站著,只有我坐著（可是我知道答案吧！我不但知道乞拉朋吉是世界最多雨的地方,還知道哲雪鋪是最大鋼鐵產地！）

Library in D.P.C school

我的位置

D.P.C 學校的餐廳很小,所以學生們必須輪流用餐,低年級先用餐,然後是高年級男生,在等待用餐的時間,老師要 Pramila 的班級先去圖書館看書,所謂的圖書館,其實只是一間小房間,裡面放著外界捐贈的書籍,內容很雜,還有一個櫃子放著簡易的標本和不知道還可不可以用的顯微鏡,Pramila 拿了一本樂器的書,我為她和同學解釋了小提琴、中提琴、大提琴和低音大提琴的差別,牆上貼著畢卡索和高更的畫,我也稍微講述了這兩位畫家的生平……;我的心,從剛開始旅行、離開舒適圈時的不安,逐漸變得惜福、感恩,這裡的資源那麼少,但他們卻珍惜地翻著那些得來不易的書籍、抓住每個機會問我,在我的世界裡,生活是什麼樣子?

（補這段日記時，旅館內正放著台灣原住民歌手巴奈的音樂，我的mp3的音樂，經理很喜歡，這音樂好適合這裡的山和雲）

fermented millet seeds

Hot water

suck....

Tongba（冬巴酒）Time！

Ha Ha Mousumi

Ha Ha Arindam

Ha Ha KOUSHIK

大家一起看我的日記，一邊狂笑。

今天試了一種錫金當地村莊常常自己釀製的Tongba（冬巴酒），他們把發酵的栗米放在大竹筒內，對入熱開水泡一下就可以喝，喝的時候是用細的竹製吸管去吸，口味有點像台灣的小米酒，喝完了，可以加入熱開水再喝！有時會不小心吸太用力，把栗米粒吸上來，要小心嗆到！

今天因為鬼鬼祟祟畫畫，旅館的人很好奇我在做啥？於是我用日記，把自己的旅程從頭分享了一次，大家都覺得我超好笑，尤其是捕蚊燈的事！

154

7月30日(五) 私房景點小健行

旅館經理夫婦來自 Kolkula 加爾各答，他們熱愛旅行，很大方地和我分享他們在南亞旅行的趣事，他們告訴我，如果把印度比喻為人，那麼，我這次旅行的大吉嶺、錫金等地，連一小片指甲也比不上，因為印度太廣、太多元，連他們自己也無法全盤了解……；經理本身是個攝影師，他教我使用我的新相機，經理太太總會細心地記得我的用餐喜好……，他們的細心和用心，讓獨自旅行的我，覺得溫暖。

LICENCE NO.I/B/01/EX(ABK)
LICENCED TO SELL IMFL/BEER
TIME: 7am To 9pm (SUM) 7am To 8pm (WIN)
YEAR: 2009~2013
NAME OF LICENSEE: S KAZI (BHUTIA)
LOCATION: GEYZING

每間賣東西的商店都有執照，但台灣的執照是一張紙裱貝裝框，這裡則是用大大的木板寫上許可證號碼、販售項目、營業時間 (冬夏不同)、店名及所在地

買一袋，不，是用報紙裝有機蘋果當午餐吃！

→連零食都是 Masala 香料口味，暈！

thukpa
(湯麵)

Pelling
培林

10 km (But the road is not good)

9km

Sakiang

6～7 km

Geyzing

今日小健行
(不累私房路線！)

經理不但畫了詳細路線圖，
還用英文（廢話,當然是英文）寫下
細節，大概是怕我走丟……。

1° Pelling－Geyzing , 9 km, share Jeep 每人 20 RS
2° Geyzing － Sakiyng, 6～7 km，很舒服的路線，邊走邊欣賞風
　　　　　　景，可以看到梯田及山谷中的村落。
3° Sakiyng－Geyzing , 回程可以搭 Share Jeep,每人 20 RS
4° Geyzing － Pelling , share Jeep 每人 20 RS

＊ 注意事項,走到 Sakiyng 時，柏油路走到盡頭時，請務
　　必再走 2 km,可以看到超美麗梯田和山谷。
＊ 這個散步行程是旅館經理夫婦騎機車閒晃發掘的！

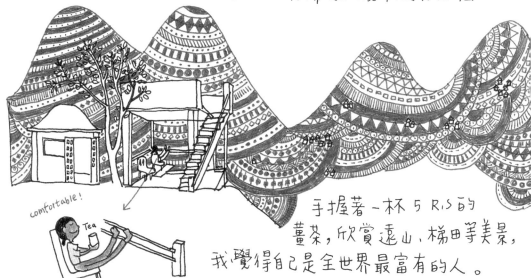

comfortable!

Tea

手握著一杯 5 R.S的
薑茶,欣賞遠山、梯田等美景,
我覺得自己是全世界最富有的人。

都怪我動作慢，又愛在半路上睡覺，等我回到 Geyzing 的 jeep stand 時，車站內竟然半輛吉普車也沒有，我總算了解為何剛才在半路上，有位阿伯及年輕人知道我住 pelling、要去搭吉普車…，他們那副欲言又止的表情……，

最後我花了 shared Jeep 10倍的價格僱了計程車，心驚膽跳地奔馳在霧氣瀰漫的道路上。

停電了，Arindam 他們問我需不需要一盞跟大吉嶺旅館一樣的充電式照明小燈，還可以殺蚊子(哈哈!)停電了，什麼事都不能做，我把 mp3 裡的音樂聽過一首又一首，舒服地睡去。

No Jeep!
(shaked)

empty
(4:00pm 就沒車了!)

Maybe you need this one to kill mosquitoes.

Koushik mousumi Arindam

my mp3

music
Transcend

mini spaaker

今日點播:顧爾德の寧靜專輯

157

7月31日(六) Handloom 織布工藝

今天的行程是離旅館不遠的手工藝訓練中心，已經去第三次了，今天終於比較有時間畫畫……。

教織布的老師穿著錫金婦女的傳統服飾

老師見我有興趣，還表演衣服的穿法給我看哩！

boku

Handloom
教室一景.
D.U.H, Pelling

DIRECTORATE OF HANDICRAFT & HANDLOOM

GOVT. OF SIKKIM TRAINING CENTER . PELLING . WEST SIKKIM

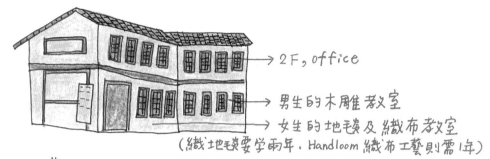

→ 2F, office

→ 男生的木雕教室

→ 女生的地毯及織布教室

（織地毯要学兩年．Handloom 織布工藝則需1年）

手工藝反映了一地社群文化，在錫金，有三種主要族群文化：Lepchas, Bhutias. Nepalese，而 Handloom 手工藝，和這三個族群密切相關。

這個手工藝訓練中心是由政府成立，讓年輕人學習傳統工藝，做為一技之長，我今天參觀的這處主要是教學

● Handloom ● Wood Carving ● Carpet Weaving

經由老師的解釋，我才知道，原來之前在大吉嶺 HEADEN HALL 看到的織布工藝叫做 Handloom，而織布機（木製）稱為 loom，Handloom傳統工藝源自很久很久以前的錫金家庭，婦女織這種布來做傳統服飾，而且 Lepcha 族的編織最具特色。

Handloom是用細棉紗編織而成，先將各色棉紗依所需長寬纏繞於木架上，再把纏好的紗線安裝在 loom 織布機上，才開始編織；每一吋的布都是婦女的心血結晶，那圖案和配色讓我的視線無法離開。

Rabdentse - the second capital of Sikkim

在距離我的旅館所在地 Upper Pelling 約 2.6 km 處，是錫金第 2 個古老首都遺跡，我很喜歡這裡的視野與安靜，先睡一覺，再寫日記。

旅行必備單品：塩和紅糖

salt 塩

紅糖

好處多多，用途多多

今天是個大晴天，真好，而且因為現在正值淡季 (呵～大家都一直跟我強調現在是 off season)，沒什麼觀光客，整片古蹟都是我的，view 那麼好，古時候把首都設在這裡，整片山谷一覽無遺，城牆的平台上，躺著睡午覺好舒服。

從馬路旁的入口走到舊都遺址，必須穿越叢林，關於叢林危機，今早我接獲警告……。

經濟學老師說近來有黑熊出沒會吃人
black bear

天哪！

旅館經理說小心水蛭！ 1 leech

Reena　　peiyu　　Arindam

160

關於水蛭，因為現在是雨季，草叢中水蛭活躍，旅館經理吩咐員工去廚房拿鹽給我帶著，殊不知我早已做好準備……。

如何預防水蛭

leech

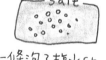
salt

leech

準備一條泡了鹽水的濕布，發現水蛭上身時，就給牠蓋上去！

在古城遺址享受美好下午時光之後，我散步回旅館，經過 D.P.C school 時，看看天色還亮，我爬上台階，去學校找 Pramila，跟她說我週一要離開，我剛好遇上他們晚餐前的 puja（禮拜）時間，Pramila 招手要我過去一起坐，當她知道我今天去了古城遺址，她又重複了黑熊吃人的新聞，據說在 Pelling 馬路出沒，她叫我絕對不要單獨靠近叢林。

經理太太送我的小禮物
貝殼上寫著我教她的
中文名字

Calligraphy

春 滿

我拿出色紙 (色紙真是太好用了)
示範書法給大家看, 這兩張春
聯貼在旅 館門上及牆上。

Mousumi

帶了毛筆,但忘記帶墨汁,所以
用水彩代替😊。

明天旅館經
理一家人要去
錫金的首府

Gangtok (甘托克)

度假,很巧地我剛好也
改變主意週—要前往Gangtok,
經理說他會幫我訂好吉普車
票,找到旅館會通知影計,
請吉普車司機直接把我載
到Gangtok他們下榻的旅館,
(我會不會太太太幸運了吧……!!)

拍照和畫畫,在旅行中的差別
在哪裡?今天我終於強烈
感受到了,旅館經理說
他是我的日記的粉絲,其
實這一路上,我每天埋頭
塗塗寫寫,殺時間的成
分居多,而且在台灣時,事
情太多、太忙,時間被分割
得太零碎,每一次閒下來

經理連日來不斷地修理
掃瞄器,今天掃描了我的日記
my diary
Arindam
scanner
有娛娛人的日記

162

時，手機響了、電腦被我打開了、朋友來了……，我的腦袋沒有辦法單純地享受一大片空白的時間，但是在這裡，自由地畫畫就好，我擁有的，只有旅行箱裡那些零碎的行李，沒有任何事情分割我的時間；拍照，一個瞬間按下快門的動作，不管這個動作之前，經過多少拍照者的創作思維，這張照片靜靜地存在記憶卡中，在旅行的當下，這整個過程似乎是拍照者獨自擁有，而畫畫這件事，是可以獨自擁有過程，也可以讓別人一起參與，他們有時靜靜地看

5. RS

我開始亂吃零食了，
因為這裡的零食重
鹹重辣，我學小朋
友去買泡麵乾吃，不
健康的食物吃起來
總是特別開心！☺

我畫，有時七嘴八舌地給意見：這裡畫錯了、那人名字是××……，畫畫的速度慢，且整個過程是攤開在本子裡，比起相機鏡頭的侵略性，顯得溫柔多了；經理今天一邊掃描我的日記中屬於pelling的記憶，一邊告訴我我的日記給他的感覺，他說那是一種穿越語言隔閡的幽默感，被他說得真是既高興又有成就感，而且很感動。

163

8月1日(日) 農夫市集

Pelling 培林
9km
Jeep, 20 RS
約15～20 min
Geyzing

Sunday Market

經理先生告訴我，我週五去小健
行的起點土城鎮Geyzing在週日
有個農夫市集，附近山裡的農夫們，會把自家生產的農
產品拿來賣，都是無農藥污染的有機農產，熱鬧有趣，
如果週日我仍待在這裡，不妨前去……，呵～這不是在
台灣噗友話題很夯的農民市集嗎？而且是旅遊書
沒提到的景點（這不是景點，這是當地人生活的一
部份！），所以我今天起很早，和大家一起去趕集！

穿著傳統服飾.戴著鼻環
的雷布查族老太太

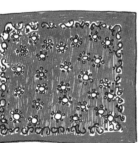

我又買了大手帕（下學
期午餐包便當盒又多了
一項選擇....）

往Geyzing的途中，
可以看到老老少少
步行往同一個方向移
動，我想起經濟
學老師Reena那天
請我去她家喝茶
時告訴我，她說
Pelling充其量只是個
對觀光客方便的小聚落，要購買生
活日用品，得去Geyzing才行，那
裡雖不大，但對本地人而言，夠了！

淚光閃閃.... in D.P.C school (Pelling)

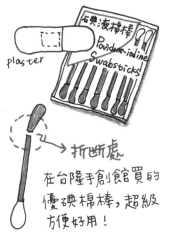

plaster

→ 折斷處

在台隆手創館買的優碘棉棒,超級方便好用!

Pramila

早上,搭車前往 Geyzing 的 Sunday Market 之前,我先去 D.P.C 學校,因為昨天傍晚的 Puja (禮拜,小朋友朗誦經文),我看到 Pramila 腳上有傷口,在腳底板的傷口不易好,易感染,我叮嚀她要記得擦藥,她說她沒有藥,我說我有,可以給她。我把藥品留下一小部份給自己,用信封包好可以用好幾次的份量給她,去學校時,今天是假日,不用上課,她們在練習踢足球,我知道她們下星期有1個足球決賽, 天正在下雨,但她們在泥巴中追逐打滾,笑得好開心,她們說比賽很重要,重視榮譽的心,讓我分不清自己的視線模糊,到底是因為雨水,還是眼眶裡的淚水。

逛完 Sunday Market,我又在 D.P.C 學校山坡下跳下吉普車,我要去和她們說再見,我說了自己接下來的旅程計畫,她們拿餅乾請我吃,我們拍了照片,是要說再見的時候了,她們說她們要唱一首歌送給我,那美麗的歌聲中重覆著 "Thank you" 與 "Goodbye",其實該說謝謝的人應該是我,謝謝她們給我這麼多。

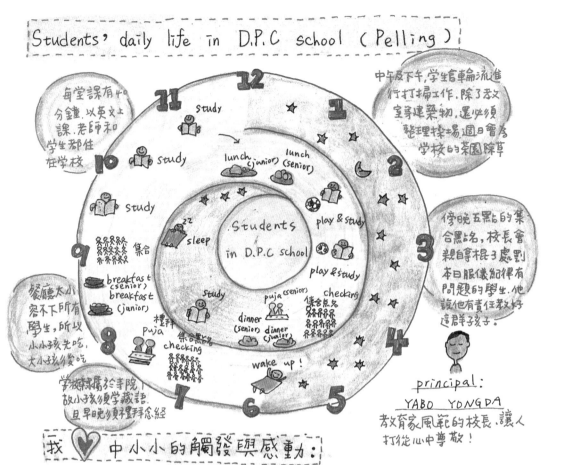

Students' daily life in D.P.C school (Pelling)

每堂課有40分鐘,以英文上課,老師和學生都住在學校

中午及下午,學生會輪流進行打掃工作,除了教室等建築物,還必須整理操場,週日會為學校的花園除草

餐廳太小,容不下所有學生,所以小小孩先吃,大小孩後吃

學校隸屬於寺院,故小孩須學藏語,且早晚須禮拜念經

傍晚五點的集合點名,校長會親自拿棍子處罰本日服儀紀律有問題的學生,他說他有責任教好這群孩子。

圓形圖中的標示:
- study (11)
- study (10)
- study
- 集合
- breakfast (senior)
- breakfast (junior)
- puja
- 禮拜 checking 集合點名
- study
- dinner (senior) dinner (junior) 集合點名
- puja (senior)
- wake up!
- checking 集合點名
- play & study
- play & study
- lunch (junior) lunch (senior)
- sleep zz
- Students in D.P.C school

principal:
YABO YONGDA
教育家風範的校長,讓人打從心中尊敬!

我 ♥ 中小小的觸發與感動:

1° 校長是一個很有愛心與理念的人,他每天早上從山上的寺院下來,集合學生點名與精神講話,並在學校裡用早餐,他邀請我共進早餐,並詢問我有關台灣的教育現況,他說,這裡的狀況無法和已開發國家相比,所以學校必須訓練孩子做所有的事情,灑掃應對進退等,通通都要學,也培養孩子謀生技能,所以,學校設有商店、烘焙坊、茶園....等。

2° 這裡的學生超級有禮貌,"Miss"是他們對女老師的稱呼,無論我走到哪裡,都有學生向我問好,且只要我一進教室,所有學生都主動站起來向我致敬問好。

上課制服(女生)　上課制服(男生)　下課制服(女生)　下課制服(男生)

3° 雖然這裡
的經濟狀
況比台灣差,
但只要是學
生,都把制
服穿得乾
淨漂亮,也
很少有人違規,
我深深覺得,

我應該把我的學生送到這裡好好教育一下!

4° school perfect
discipline perfect
Games perfect

我很好奇這裡有超過 200 個,從六歲到
十幾歲的學生,男女生都有,到底是怎麼
管理的?除了昨天 Pramila 告訴我的分
成小組,由大孩子帶小孩子之外,我發現幾個大孩子
的制服上別著小小的黑色牌子,他們是協助管理各
種生活常規的大孩子,藏語老師告訴我,這裡的
老師都不用管理生活常規,交給這些大孩子就好了!
特別不聽話的,校長會親自處理!(小朋友都很怕
校長,像老鼠看到貓!)(不乖的孩子會被體罰!)

5° 生活雖然不富有,但孩子很誠實,我遺忘了相機、本子和筆
袋(為什麼我一直忘東忘西好幾次啊?),但他們十分恭敬地交還給我。

8月2日(一) 什麼也沒做

上天對我真好,清晨聽到窗外響亮的鳥叫聲,我就知道今天會是個晴朗的好天氣,世界上最幸福的事,就是拖著大行李移動時,沒有下雨………。

但是一直等到八點半,我才知道上天其實沒有對我那麼好,祂總是會給我一些考驗,旅館經理事先幫我訂的吉普車,迷糊的司機忘了來接我,就走了……,旅館經理從 Gangtok 甘托克打電話來連聲抱歉,我拖著行李坐上另一部吉普車,到 Geyzing 去換車,沒想到前往 Gangtok 甘托克的車班班客滿,得等到12點半……,我只好找間餐館待著,展開無窮的等待。

這間餐館隔出了好幾個小包廂,讓我可以躲在簾子後面,不受干擾地寫日記,桌上擺著水壺,然而卻沒看到杯子,我看當地人都是直接舉起水壺倒水入口,他們技術很好,不但可以避免壺嘴碰到嘴巴,也不會弄得水滴四濺,這是印度人的習慣,他們認為吃喝別人碰觸過的食物是不潔的!

Pelling
培林

Gangtok
甘托克

≒4.5 小時.
每人 120 I.R.S

下午的時光,是在曲折山路中看風景度過的……,什麼也沒做。

169

8月3日 (二) 動物園搞笑行程

咋晚,我擺了一個超級大烏龍!千辛萬苦抵達甘托克之後,連忙找到和旅館經理Arindam約定的旅館,沒想到他們全家在中午check out了!不過他接到我的電話後,立刻騎機車來接我,原來他們換到另一間景觀較佳、較舒服的旅館,他們全家正在電影院看電影,不過他先給我他家女眷房間的鑰匙,讓我安頓行李,說電影散場後會回來和我會合……。

M.G指印度國父 Mahatma Gandhi
MARG 是 Market 的意思。
這個market非常整潔乾淨,燈光美、氣氛佳,而且有警察維持秩序,很晚在這裡散步也不用擔心,晚上還有簡易版的水舞可看……。

我放了行李,走下山坡,到最熱鬧的 M.G MARG 去找吃的,然而重感冒讓我胃口全失,回旅館吃了藥,我沉沉睡去,任憑看完電影的他們如何敲門,我都沒醒,人家原本一片好意讓我免費分享房間,結果我竟把人家反鎖,對不起他家女眷。

Roju 9800413010 03592-202701
M : 94344-45600

Hotel Heritage
Tibet Road, Opp. B. L. House
Gangtok - 737101, Sikkim (India)

Contact : (M) 98311-75548 (Kol), (033) 2566-8626 (R)
E-mail : hotel_heritagegtk@rediffmail.com

170

雖然昨晚，我把人家反鎖在門外，害他們只好再去向櫃台要其他房間，但他們還是不計前嫌地對我很好（真不好意思），清晨時，遠方的 khangchendzonga 山峰又從雲後面露臉了，他們還是趕快叫人來敲我的房門，這是從另一個角度看 khangchendzonga 康城章嘉山峰，天

氣陰陰沉沉地，能看到山峰露臉是莫大的幸運，大家都說我總是帶來好運 ☺。

這是動物園的貼紙（Himmalayan Zoological park），是的，我又逛了動物園，從沒想過自己會這麼短的時間內，連逛兩個動物園。

HIMALAYAN ZOOLOGICAL PARK

Save wild life

BULBULAY, GANGTOK, SIKKIM

↘ 招牌動物：
雪豹

171

Crazy family , Crazy travel ....

Mousumi's father　Mousumi's Mother　Mousumi　　Arindam　　Koushik
經理的岳父　　　經理的岳母　　(Arindam's wife)　旅館經理　(Arindam's friend)

喜歡可愛的填充玩具

熱愛攝影

岳母年紀大,膝蓋不舒服,Arindam用他的機車接駁每一段路程,穿著紗麗乘坐機車挑戰性甚高!

(即使我重感冒,我也一定要撐著眼皮把這段日記寫完!)不喜歡城市的我,不知道自己為何要來Gangtok,當初Passang建議我別來,他建議我去 Khecheopalri lake 和Yuksom,或Ravangla,但我在Pelling 卻聽到很多人說Gangtok有多nice,於是我決定前往,剛好Arindam全家也要去Gangtok,他們邀我共遊,我就這樣當了人家一家子的拖油瓶! Arindam 和Mousumi 是一對瘋狂夫妻,夢想是用機車征服全印度,這次還把機車從Pelling 騎到Gangtok, 那麼差的路況還甘之如飴,我真的被打敗!

不過，Arindam 的機車在此真的發揮大作用，凡是要跑上跑下的事情，交給機車就對了，不過 Arindam 離開了 Pelling，就不再像個經理了，他和 koushik 兩人很愛把事情推來推去，例如：買票、叫計程車等，連背包該由誰背都可以推託，十分十分地幼稚！Mousumi 善解人意又可愛，對異國文化很有興趣，她有很多很可愛的填充娃娃，對我的愛犬史小比也讚賞有加。

學當地人頭偏一邊說 Yes！

Yes

Snoopy is so nice.

Mousumi

他們包了一輛車去動物園玩，我不但搭了順風車，而且一路上不斷地請我吃吃喝喝，這一個家庭每個人都超級搞笑。

Arindam koushik

" chacha---

動物園是座落在很天然的森林中，直接圈養動物，不過有好多上坡路，Arindam 用機車輪流三貼上山，每次有人坐上機車，其他人就喊加油。

Arindam

koushik

Strong chilly for strong boys

chilly chilly

? ? ? ?

where is "strong boys"?

Arindam 和 koushik 吃東西超恐怖，加超多 chilly，超級恐怖地辣，還直說不夠辣，還說自己是 strong boy，我說 strong boy？在哪兒啊？因為他們兩個一點都不 strong.

173

兩個星期中，連逛兩座動物園，我對喜馬拉雅黑熊、紅熊貓，以及雪豹實在好熟，在這座動物園，因為環境很天然，動物的活動範圍很大，所以有很大的空間運動練身體，雪豹看到穿橘衣服的Arindam還靜觀著勢，然後張牙舞爪地猛抓鐵絲網。(Arindom後來還表演一次給我們看，而我教大家 brunch這個單字！)

masgi

在台灣很少吃泡麵的我，來印度後，創下在最短時間內吃下最多泡麵的紀錄，這裡最常見的 WaiWai、Maggi、MiMi，我都吃了，當地人吃泡麵分乾濕兩種吃法，不過乾吃時，甚至會加入切碎的洋蔥，加入泡麵裡的油包及調味包。

森林、草叢中有很多水蛭，所以我隨身攜帶鹽巴，大家也都互相提醒隔一段時間要捲起褲管檢查，不過，儘管大家都沒有遭到水蛭毒手，但有一種黑色會吸血的小昆蟲也不容小覷，牠吸飽血後，身體會膨脹，若不小心捏死牠，你身上會有一灘血漬，我應該帶香茅精油給大家用才對！

可能是因為被日本電視節目影響的關係，每次我看到什麼新奇的東西，都會眼睛一亮，然後表情很誇張地「哇～」，結果，Arindam. mousumi. 和Koushik這三個傢伙很愛學我哇哇哇地怪叫～

動物園行程結束後，原本大家是打算去山頂的藏傳佛教寺院，但看到路邊有讓人租傳統服飾照相的攤子，Mousumi慫恿我去穿，

Mousumi's father

Mousumin's mother
尼泊爾服飾

Arindom

錫金服飾(男)

錫金服飾(男)

Mousumi

Koushik

尼泊爾服飾(女)

錫金服飾(男)

peiyu

尼泊爾服飾(女)

但後來全家都瘋了，每個人都跑去穿，然後擺出很多奏姿勢照相，結果寺院最後沒時間去！

這個家庭中每個人實在都很愛演，而且大家都拿相機互拍互捧，超好笑的啦！

Peiyu

Mousumi

⚠ SWASTIK
THANKS FOR
YOUR VISIT,
VISIT AGAIN

在謝謝光臨的牌子旁擺出再見的動作照相！

錫金服飾(女)

在台灣時，我看到人家租服飾(ex: xx.服飾)拍照，覺得這種行為好蠢，但現在我在做什麼？

錫金服飾(女)

175

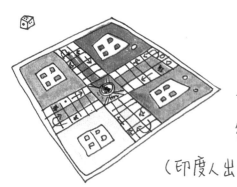

結束完動物園搞笑行程之後，我們本來是要去寺院，但沒時間了，所以跑去 Ganesh Tok viewpoint，拜完象神 Ganesh 後，我們就拿遊戲棋出來玩
（印度人出門竟然帶小遊戲殺時間！）

camera   low battery

I have one idea.

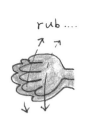

rub....

因為下榻的旅館正在進行電力維修，大家的電器用品 ex: 相機、手機都面臨缺電危機，現代人出門真麻煩，變壓器、電池、一大堆電線....誰可以統一下這些不同規格的電器啊？不過印度人很會修東西，也常有一些應付問題的小撇步，他們教我把電池放在掌心摩擦生熱，就可以再撐一下！我感冒實在太嚴重了，但今天市場商店休息，可是大家仍不放棄地一直幫我找薑粉，真是過意不去。

nai = no!

nai

gingar powder??

nai

Ginger powder??

ginger powder?

nai

nai

gingar powder

今日日記背景音樂：愛蜜莉的異想世界，電影配樂

大後來 Mousumi 直接去餐館要切碎的生薑給我。

176

8月4日 (三) 捨不得說再見

因為感冒的關係，我睡得不太安穩，早上五點就起床，旅館沒電，手機和相機都無法充電，我就著窗外剛醒的天光看書，還好我自己單獨睡一間房，因為我一整晚因感冒不斷發出的噪音，鐵定會吵到別人。我決定外出去吃早餐，去昨晚 Mousumi 外帶晚餐的那間餐館，那裡的chapati 麵餅應該可以喚醒我的胃口，因為昨晚 Mousumi 向廚師要薑，讓我治感冒，廚師特地在我的早餐奶茶中加了薑，真令人感動。

吃完早餐，看到 koushik 一邊講手機一邊晃過街道，我衝去叫住他，一起去逛 Market，又喝了第二杯茶。

去 market 買薑茶茶包！

177

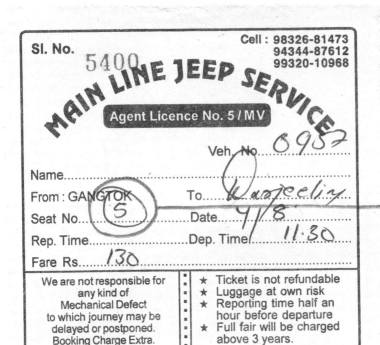

SI. No. 5400

MAIN LINE JEEP SERVICE

Cell : 98326-81473
94344-87612
99320-10968

Agent Licence No. 5/MV

Veh. No. 0952

Name.......................

From : GANGTOK   To....Darjeeling

Seat No....⑤   Date....9/8

Rep. Time...........   Dep. Time....11:30

Fare Rs.....130

We are not responsible for any kind of Mechanical Defect to which journey may be delayed or postponed. Booking Charge Extra.	★ Ticket is not refundable ★ Luggage at own risk ★ Reporting time half an hour before departure ★ Full fair will be charged above 3 years.

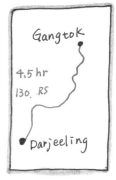

Gangtok

4.5 hr
130. RS

Darjeeling

→ Jeep 吉普車
可擠10位乘客，
大家要按買票
時的座位編
號坐，因為這
10個座位舒服
程度有別，我的
⑤號座位超擠！

Arindam   peiyu

終於到了要說再見的時候，因為
我們都覺得Gangtok 無聊到爆
炸，所以決定早早撤退，Arindam
全家要回Pelling，我則要到大吉嶺，
離開之前，我到Mousumi 他們房
間聊天，儘管Gangtok 對我而言，
實在是個沒什麼吸引力的地方，但因為一群人的組合，
卻讓我在短短的時間內，留下極美好的回憶……，
Arindam 用bike 送我去坐Jeep，再見了，親愛的大家。
我有機車恐懼症，但我懶得走路，所以連機車都坐了！

搭車回大吉嶺時，司機和乘客都很幫忙，遇到 check stand 時，他們提醒我要拿護照和 permit 去蓋章，全車只有我一個外國人需要這樣做，但他們很有耐心地等我，不放心的司機還陪我一起去蓋章；午餐時間，也有人為我點好餐，我只要坐著等就好……。

當 check stand 收回我的錫金許可證，代表要向錫金說再見了，回到熟悉的大吉嶺，記得 koushik 說：

Is se sasta aur acchu kahin nahi !

"You like Darjeeling so much"，是啊！這裡方便又舒服，我第一件事就是去逛超市大賣場，買洗面乳等日用品，其實只是好奇想逛，因為沒進去過。

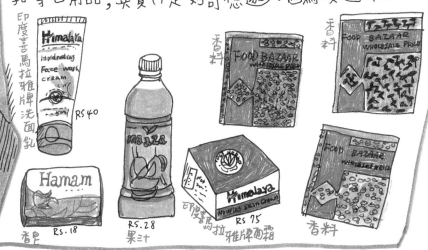

印度喜馬拉雅牌洗面乳
Himalaya Hydrating Face wash cream RS 40

Hamam 香皂 RS.18

RS.28 果汁

印度喜馬拉雅牌面霜 Himalaya Nourish skin cream Rs 75

FOOD BAZAAR 香料

FOOD BAZAAR 香料

FOOD BAZAAR 香料

8月5日 (四) 重感冒

離開了 Gangtok 那間没有電的旅館，從昨晚都今天上午，我一直在替所有的東西充電，包括我自己也需要充電，我看起來狀況應該很糟，旅館的 Ranjana didi (didi：姊妹) 昨天做了中國口味的菜給我吃，老闆請我吃了一片他太太做的檸檬慕斯蛋糕，我去市場買了薑回來，用電湯匙煮了好幾大杯薑茶、袪袪風寒。

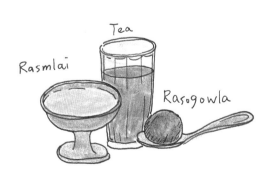

中午時，我走下山去買車票，再去市場修鞋，修鞋師傅說這鞋底若光用膠去黏是行不通的，還會再掉，說著就開始拿起針線，縫了起來⋯⋯ (我的鞋⋯這就樣多了一道長長的疤)，修完鞋，用甜點慰勞一下自己，然後去找 HAYDEN HALL 婦女工廠的小姐聊天，工廠裡的縫紉老師教了我一個用香料治療鼻塞的方法。

Rasmlai

Tea

Rasogowla

black gira
用舊報紙包裝

方法：把 black gira 放在布上，用力搓揉，再靠近鼻子聞，鼻子一被刺激，就馬上通了。

180

8月6日(五) 火車慢飛

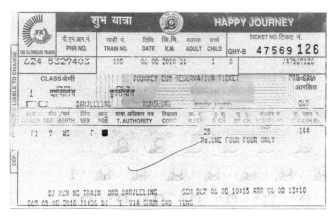

明知道從大吉嶺回到 kurseong 卡尚的路程，搭吉普車只要 2 小時，50 R.S，但我還是選擇搭火車，那要 3 小時，且 First class 的座位票價是 144 R.S；我只是想再感受一下蒸汽火車那尖銳有力的汽笛聲，我想用放慢速度的方式向這片山林雲海說再見……；若不是因為從 Siliguri 西里谷里到 Kurseong 卡尚的鐵道路段因山崩而停駛，我真想搭完全程，欣賞由平地到高山，落差兩千多公尺的林相變化；這趟路程，從頭到尾，我都沒有乖乖坐在座位上，我倚著車門看風景，車行速度如此緩慢，就算不小心

掉出車外，也可以趕快爬起來跳回車廂……，我一站站地數著，我看著車外的人，車外的人也看著我，不知到底誰是誰的風景？

8月7日（六）幫茶園辦公室畫地圖

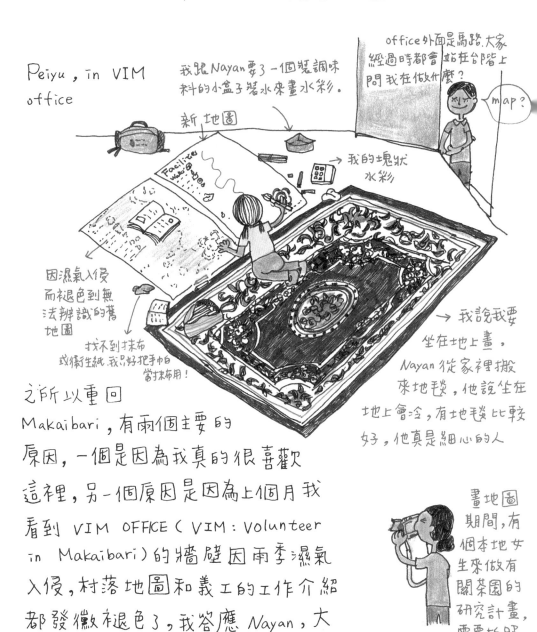

Peiyu, in VIM office

我跟Nayan要了一個裝調味料的小盒子裝水來畫水彩。

新地圖

office外面是馬路,大家經過時都會站在台階上問我在做什麼?

map?

→ 我的塊狀水彩

因濕氣入侵而褪色到無法辨識的舊地圖

找不到抹布或衛生紙,我只好把手帕當抹布用!

→ 我說我要坐在地上畫,Nayan從家裡搬來地毯,他說坐在地上會冷,有地毯比較好,他真是細心的人

之所以重回Makaibari,有兩個主要的原因,一個是因為我真的很喜歡這裡,另一個原因是因為上個月我看到 VIM OFFICE（ VIM: Volunteer in Makaibari）的牆壁因雨季濕氣入侵,村落地圖和義工的工作介紹都發黴褪色了,我答應Nayan,大吉嶺錫金旅行結束後,我會再回來,幫辦公室畫新的地圖。

畫地圖期間,有個本地女生來做有關茶園的研究計畫,需要拍照,她要拍我畫地圖的狀況,她把我當成義工了!

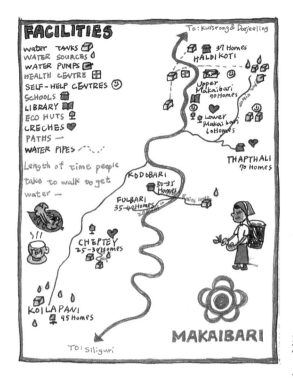

Nayan 給了我白色壁
報紙和紅藍黑三種顏
色的油性簽字筆，他說
很抱歉 Makaibari 的
logo 是綠色的，但他沒
買到綠色簽字筆，我說
沒關係，我帶了水彩。
要在有限的材料中畫
出滿意的地圖，是一個
新挑戰，最後，我完成
一張 peiyu 風格，走可愛
路線的地圖……，沒想到我的地理專長，會在這裡
發揮了作用。

cookies
4:00 pm
tea
From Nayan's mother

Sunpapri (一種很像龍
鬚糖的甜點)
From Nayan's mother : Manju
(在家中總是穿著十分寬鬆
的家居服!)

畫地圖很重要，在這裡大家都很重
視的 Tea time 也很重要，Nayan 的
媽媽拿很像龍鬚糖的甜點
來請我吃，並預告下午四點是
tea time，她會請我喝茶，
四點一到，Nayan 端了
茶，還送上他媽媽做的
餅乾，這裡的婦女超厲
害，不但很會洗洗刷刷，
還能變出很多好吃的東西。

183

Sanju

遠從加德滿都嫁到此地

Passang

常常說自己做菜做得比太太好 ☺

一邊包餃子一邊聊天真愜意!

我包的奇怪momo

畫完地圖,照例到Passang家小坐聊天,他們正在包momo(蒸餃),Passang家是尼泊爾人,但信佛教,所以吃牛肉沒問題,這裡的各種族群、信仰共存共榮,沒有什麼問題,Passang說下次我如果來,會發現他家變得不一樣,因為他計畫在後院蓋一間有客廳、房間、廚房浴廁的guest house.

有兩種口味:雞肉包成圓形,牛肉的包成長形,兩種口味都只用了簡單的洋蔥和香料葉去調味,但因材料很天然,所以很好吃。

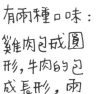

chicken   beef

chicken momo is my favorite ......

Niger time again.

Sonam(Passang's son,7歲)超可愛!

184

8月8日 (日) Mehndi 身體彩繪

對這裡的人而言，不論是印度教徒或佛教徒，早晨的 puja (禮拜) 很重要 (傍晚亦有另一次 puja)，鄰居是一位年邁的阿婆，看得出來生活很清苦，她早晚都會到 Hema 家，Hema 家人都會給她一些食物。

阿婆很喜歡我，當我從錫金、大吉嶺旅行回來，她拉著我的手高興地說著我聽不懂的尼泊爾語，今天我去阿婆家看她早上如何進行 puja，她先去院子摘了鮮花和綠葉，並在銅壺、銅杯裡裝了清水，在壺裡插了鮮花，拿去供在神像前，之後她拿了另一壺清水，在院子裡向天地朝拜，再把清水灑向大地。

(RS尼泊爾女人絕對是我心中勤勞愛乾淨排行榜第一名，寫這頁日記時，鄰居正在院子裡邊刷東西邊唱歌)

185

我的洗澡水
都是在廚房旁
的貯藏間，用
木柴燒的。

↖木材

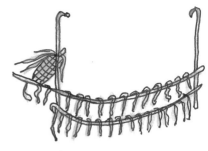

貯藏室的天花板掛了
筍乾和玉米

用來做 chapati的
用具，我要買一個
回台灣！

iskus
佛手瓜

karera
山苦瓜

bhandi
秋葵

以下材料，磨成泥，加入肉類料理中

cinnamon
肉桂

onion　　tometo　　ginger

用石
板磨

meat

在這裡最常吃的蔬菜
除了馬鈴薯、洋蔥、蕃茄
之外，我常吃到佛手瓜、
山苦瓜、秋葵等做成的咖
哩料理，今天民宿爺爺用
佛手瓜切片，裹上 besong
粉油炸，超級好吃。(沒
有冰箱，蔬果都現摘現吃)

隨便在小店就可買到 Henna 染料。(甜筒形狀的膏狀物)

染料變乾變硬後,可以洗掉,之後留在皮膚上的,是美麗的紅色圖案

Hema 告訴我,從上個月中到這個月中,是屬於女生的月份,在這段時間,女生們會用 Henna 染料彩繪身體,稱為 Mehndi,當地人相信彩繪會帶來好運。在印度,Mehndi 是婚禮的重頭戲,塗在手腳上的染料須等上約一小時,等它變乾變硬,才能把圖案印在皮膚上,顏色愈深,圖案可以保持愈久,所以必須有耐心才行。鄰居 Monna 告訴我染料可以自製,用一些 Henna 粉末加入食用油(此處多用芥籽油)及檸檬汁,呈濃稠膏狀物即可,不過去小店買現成的,其實便宜又方便。當地女生很流行彩繪,但 Hema 說因為這個月很特別,所以她約了親戚到家中彩繪,週一要前往大吉嶺的廟宇朝拜,得漂漂亮亮,光鮮亮麗才行。

187

188

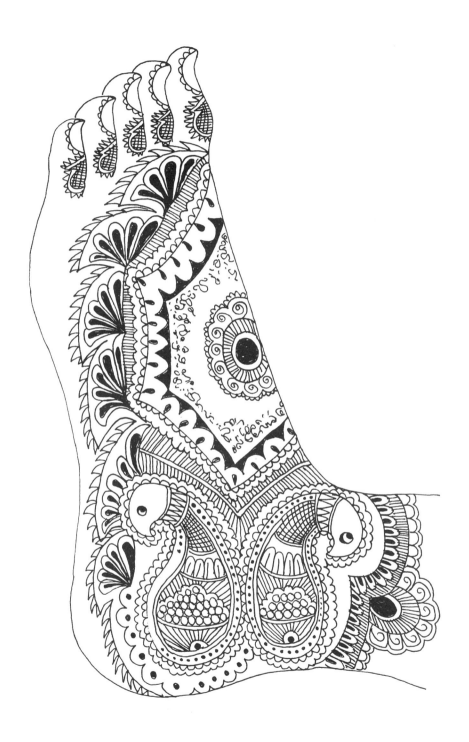

189

Makaibari Water Tank, Mar. 2010

This tank was built to replace the old one, which was small and had leaks. The villagers were walking to the river every day which is 20 minute walk. The new tank is bigger so it will hold more water and it is made of steel and cement, so it will be stronger than the old brick. In September 2010 another volunteer, Mr. Paul will build a water pump from the river, so the tank will have water even in the dry season.

照片　照片　照片

Thanks to all the villagers who helped to build the tank, and to those who donated funds: George, Tom + Sandy Black, Miq, Karen, Ann + John Kelland, Jearette Hibks, Gill, Ann Munroe Caroline Jackson, staff at Guildford Berough Council and WWF... Jack Holder + Susan Kelland, Jack's Friend & Family.

今天下午的工作不是畫地圖，而是幫 VIM 辦公室畫海報，一張是說明在 2010 年 3 月，一位義工募集款項，協助村子裡建設新的貯水槽，使村民們免於提水的奔波之苦，而今年九月，會有另一位義工來協助建造幫浦汲水。

另一張海報則是說明一些給義工的注意事項。

如果不是為了畫海報，碰到英文就腦袋自動停格的我，絕不會認真去看這些英文字，但在塗塗寫寫的過程中，這些出錢出力的人的善行義舉，卻一字一字地刻在我心中。

General Information

namaste

1. Nepali language classes – available on request. Highly recommended for learning basic phrases.
2. Homestay are also available in Phulbari, Thapathali and Cheptay. Experiencing these outer villages is unforgetable.
3. If you have web design experience then please speak to Nayan.
4. Please remember to fill out your Homestay feed back forms.

Internet cost Rs.25 an hour. Rs. 15 ½ hour.

Buy Rs.100 card at a time. Honesty Basis.
* Like so many volunteers before you have **Fun**! Families Welcome.

下午去畫海報時，Nayan 告訴我，茶園大老闆 Mr. Banerjee 晚上邀請我和其他三位義工吃晚餐。

Mr. Banerjee 的住家就在工廠旁的山坡上，並不是很俗艷富麗堂皇的別墅，而是很融入山林原野，很有氣質的木造建築，他先開車載我們去 Kurseong 附近一間景觀餐廳用餐，大家閒聊一些有的沒有，這餐吃到10點還沒停，又去 Mr. Banerjee 的宅邸續攤，宅邸充滿歷史感，有許多來自世界各地的收藏品

我畫完海報直接赴約，沒時間回家換衣服，然而其他女生都穿 kurta，十分光鮮亮麗，只有我最邋遢，真丟臉。Nayan 任路上看到我，一直建議我趕快回家換衣服

Rajah Banerjee
Makaibari T.E.
7/8/2010

Mr. Banerjee 很搞笑，他幫我在日記上簽名

義工 Gina

義工 Johana

開人 peiyu

義工 Cindy

Mr. Banerjee friend

Mr. Banerjee's friend

和動物標本 (ex: 老虎)，有種走入時光隧道的感覺，那種世代傳遞累積的貴族品味，非暴富者所能比擬。

8月 9日 (一) 去印度廟進香.

I am hungry. ★ @#次

進廟宇必須光著腳丫, 所以大家把鞋留在車上

今天的行程完全是進香團行程, 民宿男主人 Robin. 女主人 Hema. 以及兒子 Rohan, 還有三位女性親戚, 加上臨時插上一腳的我, 一起包車前往大吉嶺的廟宇, 不過從早上起床, 到完成整個 puja (禮拜) 儀式之前, 不可以吃任何東西, 只能喝茶, 簡直快把我餓扁了, 又回到熟悉的大吉嶺, 那種感覺真神奇. 尤其這次覺得自己像個本地人.

每拜完一處神，旁邊就有人在幫信徒點 Tika，或在手上纏紅絲帶。

手上纏紅絲帶可帶來好運，只是所有的神拜完後，我額頭上的 Tika 累積成一大坨，混合了米粒，紅黄色粉末及黏土。

倒水

週一是拜濕婆神的好日子，廟裡擠得水洩不通，濕婆神又稱破壞神，有破壞才有創造，因此人們也尊崇濕婆神帶來的創造及新生。

印度教滿天神佛，在出發之前，雖然我閱讀了一些資料，但懶惰的我認為，反正這些神和我沒有關係，我不用去管祂們，但來到這裡我才發現，如果想了解這裡的生活，那麼非了解他們的宗教不可，因為這裡的每個生活環節都和宗教緊緊相扣。

→ Parvati 帕爾瓦蒂，是濕婆神的配偶。在印度教的信仰中，神和人一樣，是有個性的，濕婆脾氣火爆，而 Parvati 的個性和濕婆互補，女性與母性特徵很鮮明。

→ 濕婆神的男性創造力以男性生殖器官靈甘（lingam）來展現。而帕爾瓦蒂則以優尼（Yoni）女性生殖器官展現。

Shiva 濕婆頸繞蛇，手拜三叉戟

甘尼許 Ganesh 是濕婆神和帕爾瓦蒂的兒子，又稱「象頭神」。

193

Ganesh 象頭神是我最喜歡的神，可能是因為比起其他神的長相，Ganesh 顯得比較討喜！至於象頭的由來，有許多種講法，書上說，Ganesh 的父親濕婆神遠行回家，發現家裡有個年輕男子，氣得把他的頭砍下來，但其實那位年輕男子正是濕婆神的兒子，在濕婆神遠行的這幾年內長大許多，所以濕婆神不認得了，脾氣火爆的濕婆神很後悔，走出屋子，遇到一隻大象，祂砍下象頭，接在兒子身上，讓兒子起死回生。

Ganesh 只有一根象牙是完整的，故事有很多種不同的版本，其中最可愛的說法是，Ganesh 非常喜歡吃甜食，所以象牙蛀壞了一根，只剩下一根，而且祂把斷掉的象牙生氣地丟向月亮，因為可惡的月亮老是嘲笑祂的肥胖。

大家認為 Ganesh 是幸運之神，所以家裡總會供奉祂的神像，希望可以帶來好運，祂同時也象徵智慧，在商店裡，一定有一座 Ganesh 神像。不過，不同的神有不同的座騎，濕婆神的座騎是公牛，肥胖的 Ganesh 的座騎居然是一隻小老鼠！☺

puja 結束、把供品和 coconut banana Tika 粉
Tika 粉帶回家讓家人朋友分享神的祝福。

alikardi _a little_ chini _sugar_

Tea

我非常非常擔憂這次的旅行不但沒像以前一樣成為減肥之旅，反而會增肥，因為在這裡不但生活正常，胃口大開（早上五點起床，晚上九點睡覺），而且大家的飯量都很大，不知不覺會被影響（人家飯量大是因為工作量大，我這閒人吃那麼多飯做什麼？），加上一坐下來就有茶喝，茶裡又加了糖，真要命！

2 Rs

churpi

How many years does it spend to finish the "churpi"?

常常在市場看到有人賣一種像橡皮擦的東西，據說可以吃，但我從沒勇氣嘗試，今天去雜貨店買糖果時，我決定買一個來試試，天哪！它硬得像石頭，我小心地啃一小口，Nayan家的人快笑死了，他們說這是一種硬cheese，要含在嘴巴裡慢慢享受，我問Nayan的媽媽要花幾年才能含完這顆churpi？德國義工Johanna和Cindy住在Nayan家，我去找她們聊天，Nayan的媽媽做了幸福爆米花給我們吃。

路過的西班牙單車夫婦也吃了爆米花

popcorn

8月10日 (二) 綠色的足球場

今天原本打算坐 Jeep 去 Kurseong 買東西、順便換錢,
但 Hema 跟我說今天 Kurseong 罷工,商店關門,於
是我決定在家懶一整天。

球門只是用
兩塊磚疊
起來做記
號

因為罷工,計程車和學校巴士也不開,所以 Rohan 今天
不用上學 (怎麼有這麼好的事?為什麼台北沒有罷工?)
Rohan 和鄰居小朋友邀我去踢足球 (為什麼我總是跟小
孩子混在一起?而且我根本不會踢足球!),他們說
他們一起整理了一個足球場,我去看了才知道,那是茶
園中一個像平台的空地,茶樹環繞,遠山為伴,
這是我所見過最美的足球場。

sony

abisash

踢完足球，小朋友們
說要帶我去他們的秘
密基地，呵～原來是他們
的天然浴室，在茶園中不斷上上下下，走過小徑，有一處山
壁用竹管接了泉水，旁邊有一條小溪，山壁旁還用竹竿
搭了晾衣服的地方……，小朋友看到水，就忍不住撩起
褲管開始玩了起來，繼全世界最美麗的足球場之後，
我又看到了全世界最美麗的浴室。

他們踢的，是一顆破爛
的足球，但大地是他們的
遊樂場，在這裡，儘管
物資匱乏，但孩子純真可
愛的笑容卻滿滿都是。
午飯時間到了，我們各
自回家，茶園中除草的工人
在遠遠一方呼喚我們，呵～
原來是要小朋友幫忙看一下
我的錶確認時間！（竟然從遠方認出我是觀光客）

有機茶園中，草長
得快又多，工人分小組
每天到不同區域除草。

圍上塑膠布，
並穿雨鞋做保護

197

停電了，我的頭燈也沒電了，但民宿爺爺在廚房點油燈，讓我繼續寫日記

晚餐前，日記時間真實紀錄

10天完熟的 Niger 約有15-20%的酒精濃度，天哪！在印度什麼都沒做，倒是學會喝小米酒！

→ This is "Tiger milk", not "niger"

我跟Robin說，不要再給我Niger了。(事實上他們只給我嚐過一次！其他時間我都是在附近鄰居家喝的！). Robin 說這是Tiger milk，不是 Niger! 我的天吶可！

雖然停電，但大家一起在廚房，一邊準備晚餐，一邊聊天的感覺真好，鄰居今天去廟裡拜拜，特地送一小份供品來，讓我們也得到神的祝福，分享的感覺真好。

BaBa也喝起了Niger，像是全家的晚餐前小酌兼點心時間！

BaBa說他有很多事想告訴我，但他不懂英文，很可惜！

小開心

Niger

Robin

Amy

Hema

BaBa

Rohan

Peiyu

198

8月11日(三) 愛美的印度女人

已經8月11日了，日記在昨天換了新的一本，在出發前草擬的旅行計畫中，預計前往的尼泊爾景點完全沒去，已經11日了，我卻仍在Makaibari打混，再三考慮之後，我決定等8月15日看完印度獨立紀念日的遊行和歌舞表演之後才離開印度，這幾天可以好好放鬆休息一下……，但我好像根本沒有放鬆到，因為我每天去這.去那，不停地被邀請到不同人的家中吃晚餐.喝下午茶，比在台灣還忙。

趁著罷工結束，今天趕緊坐車去Kurseong換錢、順便購物，街上人潮洶湧，我先去換錢的商店詢問，他們說11點才開，於是我隨便在街上亂逛，亂買東西。

大家相信用黃銅盤子裝食物來吃對腸胃很好，此地大家吃dal bhat都用黃銅製的盤子，用重量計價！

木匙

煮扁豆粥用的木製攪拌棒

飯匙

做chapati的工具

插香用的小器皿↓

我決定去訂做一套紗麗，昨天 Nayan 的媽媽知道我今天要出來購物，很擔心我被當成冤大頭，Hema 也說如果我要買紗麗，她可以陪我去講價，但如果我買東西都要人陪，一直麻煩別人，我覺得很不好意思，所以決定自己去，不管是買紗麗或 Kurta 的布料都讓我好緊張，因為老闆會把無數的布攤開在他的座榻上，讓我覺得不買會很有壓力！

木匙飯匙和攪拌棒是跟路邊小販買的。

都是我自己手工製作的！

賣牛奶的個體戶，每天辛苦地挑著自家生產的牛奶到城鎮販售，早晨時間，好多人拿著鍋碗瓢盆出來買牛奶

盛牛奶的鋼杯

牛奶壺

bai

pote

my hands are too big.

這裡的女生很愛在手上戴一大串閃亮亮的各色手環，Hema 買了送我，但我有雙女生界的大手（彈琴可跨十度音），怎麼套也套不進去。

像口紅一樣的設計，用來塗 Sindur，十分方便

已婚婦女在中央髮線至額前上方會塗上一道叫做 Sindur 的紅線！

Tika 貼紙的包裝！

Sangita

Tika 現已成為婦女變美的流行時尚，市場有賣各種 Tika 貼紙

Suruchi® আসল পরিচয় "হলোগ্রাম" ছবি
Suruchi™ STICKER KUMKUM ENHANCES YOUR BEAUTY

No Irritation on the skin

Suruchi®

M.R.P. Rs. 2.50
CHAND PRODUCTS (India) T.M. No. 824360

Tika（蒂卡）象徵濕婆神的第三隻眼，觀照這個世界，人人都會在額上用紅粉，甚至黏土、米粒等點上 Tika。

201

Massage Time

Sanju
Sonam
Passang

德國義工Cindy生病
了，很不舒服，我說
我可以幫她刮痧
或按摩，於是約好
下午五點在VIM辦
公室樓上的房間見，
我先去Passang家喝茶，
聊起Massage，Passang
說他對此有興趣，
也小有研究，他拿出一
堆資料和器材告訴

Cindy
Peiyu
Johanna

Johanna看
到刮痧很吃
驚，拍下來給
Cindy看

我他的心得，我們在空中比劃，覺得不夠真實，乾
脆就命令7歲的Sonam趴下，把他的上衣脫掉，進行
實地演練. Sonam很乖地趴下，但眼睛仍努力緊盯
住電視螢幕，因為現在正上映他最愛的卡通，(不過，哆
啦A夢和蠟筆小新用Hindi語播映，
讓人很不習慣!)。
去幫Cindy刮痧，才發現她竟也從德國
帶了萬應白花油，一模一樣的味道，她說
在德國很常用，也很容易買到。

我的
萬應意油
血中水
Cindy的

202

Party in Gina's Homestay

停電的
燭光晚餐

peiyu

妹人
bhumika 小好孩 小男孩
shibani siddhard

Johanna
来自德國

Cindy
来自德國

Gina
来自澳洲

Nayan
負責
拍照

男主人
Sewan
sweet

（從大吉嶺趕回来,
所以比較晚到,
但他買了 masala 口
味的臘腸和甜
點給大家吃!)

我相信人與人之間是有緣分和頻道的,因為朋友的關係,我靠著一根細線般的緣分,卻在這裡織成了一張網。

今天,我被邀請去澳洲義工 Gina 的 Homestay 吃晚餐, Gina 是一位小學老師,利用假期到這裡當義工,教村子裡的小孩英文, Johanna 和 Cindy 來自德國,結束高中課業後,到印度當一年的志工,她們剛結束志工計畫,選擇再到此停留一陣子,下個月她們將回到德國展開大學新生活,她們年紀雖小,但談吐卻很有見識與主張;希望我們的政府停止很多不必要的地方鄉鎮 xx 文化節燒錢活動,撥一些錢,像德國政府一樣提供獎學金給學生,給他們多一些出走看世界的機會。

203

8月12日 (四) 叢林探險

連滾帶爬的我

Robin 用林棍打草驚蛇

Johanna 竟然穿短褲!

我不應該答應去什麼叢林探險之類的活動,我應該惦惦自己的斤兩,我只適合在家裡睡覺,和史小比一起爬枕頭山就好,Johanna 問 Robin 可不可以帶我們去森林看看,Robin 在這裡工作了10年,對於茶園附近的一切瞭若指掌,Makaibari 是採有機耕作方式種茶,在 Mr. Banerjee 的經營理念下,大部份的地表仍維持原始森林植被,據說還有豹出現在村子裡、叼走了羊,今天我沒被豹吃掉,但我差點被山吃掉,因為森林裡根本沒有路,而且坡很陡,草很高,我最後放棄用走的,直接坐著滑下山比較方便!

還好我沒去!!

快熱爆時,洗個頭真舒服

途經一處當地人洗衣洗澡的地方,我用水管接的山泉水洗了頭!

叢林暴走
讓人虛脫,
回到家後,
我拿著扇子
猛搧,他
們乾脆拿
電扇讓我
吹個過癮,

我舒舒服服地洗了個溫水澡,之
後,把水盆重新打滿水,洗了所有的衣服,暖暖的
午后,看著剛洗好的乾淨衣服在陽光下隨著風兒
翻飛,真是愜意的居家生活啊!

為了方便在廚房裡問食譜、為了買香料不碰壁......,我
決定先來背幾種常見香料的英文名!

			clove 丁香
coriander 胡荽	cardamon 小荳蔻	cumin 茴香	nutmeg 肉荳蔻
pepper 胡椒	cinnamon 肉桂	turmeric 薑黃	bay leaves 月桂葉

Masala(馬薩拉)是 綜合香料 的意思,市場裡有已調配好
的各種用途的 masala,給蔬菜用的、給肉類用的......,如
果要我用一個字來形容印度,我會用 "masala" 這個字,
因為這裡的人種、語言、文化、服飾(紗麗顏色)......,
通通都是 "masala",混合得炫目多采。

介紹婦女紙工廠的海報

洗完衣服之後，略做休息，走路去辦公室畫海報順便在 Nayan 家 Tea time 一下，現在我已經知道很多條村子裡的小路，所以每次去辦公室，我都抄小路，從鄰居家門口穿過去，順便打招呼。我問 Nayan 他要怎麼貼這些海報，因為牆壁的濕氣很重，如果像以前一樣直接貼在牆上，濕氣再度入侵，海報就毀了，所以他準備了兩塊大木板，

先把大木板放在太陽底下晒乾，之後把海報貼上去，再固定在牆上；我總覺得，在開發中國家的人，比較懂得花時間、動腦筋去解決問題，因為物資有限，很多東西都無法買現成的，所以必須想辦法找替代品，因此在很多地方，都可以看到當地人的巧思，在台灣，我們花很多時間去賺錢，然後花很多時間購物，卻忽略了自己動手做的樂趣，Passang 告訴我：『如果什麼事都仰賴機器，那麼，你要雙手做什麼？』……。

8月13日 (五) 義工經驗分享

peiyu 小廚房

How to cook "dal"?

扁豆粥,
又叫豆子湯

1°. wash..... 用水把
豆子(dal)洗
淨,泡水
5分鐘!

各種豆子都可以拿來做豆子湯,
在台灣超市可買到扁豆,去殼綠豆......

2° 這是煮dal專用的容器,但因為底是圓的,
所以放置桌上時,底下會放一個小台座,
它才有辦法在桌上乖乖站好!(我很
想買一個這種可愛造型的鍋子,不過,買
鍋子回台灣好像很蠢......)

接下來,放入油、切碎的洋蔥、
薑黃粉、豆子,炒5~10分鐘!

oil 油 chopped onion 切碎的 洋蔥 turmeric powder 薑黃粉

豆子 dal

3° 等鍋子裡的食材變成黃色,加
入適當的水,酌量加入鹽巴,
煮15分鐘。

salt water

4° 用木製攪拌棒把豆子攪成泥
糊狀,視狀況再加入適當的
水。

有了這根攪拌棒,我
決定不要買我之前想
買的電動攪拌棒!

5° 扁豆粥 大功告成了!

dal

207

Tea-Party <u>ko Lagi</u> <u>Dhari Dhari</u> <u>Dhanyabad</u>！
for   very   Thank you

在旅行中，

我很少在短時間內和人講很多話，主要原因是因為語言不通，不過，自從回到 Makaibari，因為 Nayan 家住在大路旁，他們全家都認識我，我只要路過就會被叫進去吃點小東西，加上 Johanna 和 Cindy 現在住在 Nayan 家，所以我很快就和她們兩個混熟了，而另一位澳洲義工 Gina 很開朗，不小心就會沒天沒地聊下去，加上我們幾位的 Homestay 主人會互相邀請其他義工來家裡喝午茶或吃晚餐，所以我們的行事曆簡直被塞爆，我們 4 個每天就無止境地一直被安排見面聊天，今天 Hema 邀她們三位來家中喝午茶，Johanna、Cindy 跟我們說了很多她們過去這一年為 NGO 工作的奇人奇事，包括住在沒水電的小村子、學騎摩托車、疑似感染 Malaria (瘧疾) 被送進醫院，結果為她們看診的竟是 75 歲老醫生，視茫茫髮蒼蒼。

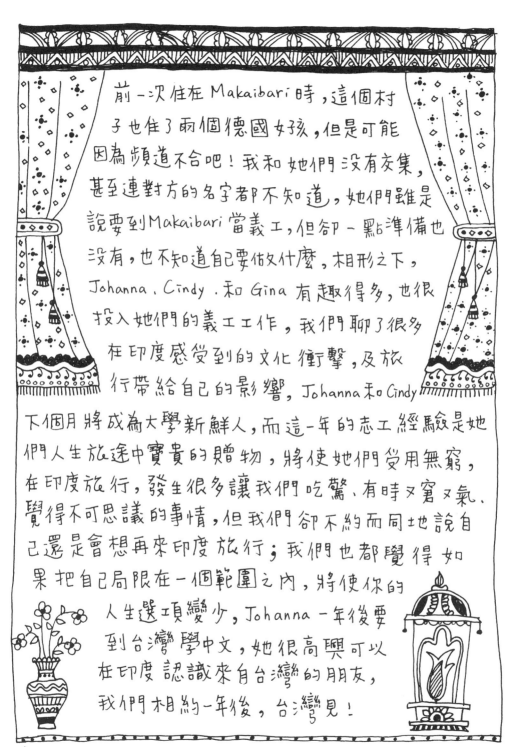

前一次住在 Makaibari 時，這個村子也住了兩個德國女孩，但是可能因為頻道不合吧！我和她們沒有交集，甚至連對方的名字都不知道，她們雖是說要到 Makaibari 當義工，但卻一點準備也沒有，也不知道自己要做什麼，相形之下，Johanna、Cindy．和 Gina 有趣得多，也很投入她們的義工工作，我們聊了很多在印度感受到的文化衝擊，及旅行帶給自己的影響，Johanna 和 Cindy 下個月將成為大學新鮮人，而這一年的志工經驗是她們人生旅途中寶貴的贈物，將使她們受用無窮，在印度旅行，發生很多讓我們吃驚、有時又窘又氣、覺得不可思議的事情，但我們卻不約而同地說自己還是會想再來印度旅行；我們也都覺得如果把自己局限在一個範圍之內，將使你的人生選項變少，Johanna 一年後要到台灣學中文，她很高興可以在印度認識來自台灣的朋友，我們相約一年後，台灣見！

8月14日（六）包子晚餐

昨天，Cindy 送我
2只綠色的玻璃
手環，並努力在我手上塗
滿潤膚乳液，費了九
牛二虎之力，終於把
手環套進我的大手！

（據說，塗肥皂水也可以！）
原來，我的手也可以套進手環！
所以今天去 kurseong 拿訂做的 sharee 紗麗時，
我決定再多買一組手環，這組金屬手環很細，
共有13個，當地女生流行在手上戴長長一大串，所
以，得套上十幾個手環，才可以顯得很『印度』！
從 Mr. Banerjee 的朋友那裡，我學到了幾個尼
泊爾單字，尾巴都是 nose，超好用！

rocknose → stop.	bearnose → look
Johnnose → go	pinnose → drink
kahnose → eat	bossnose → sit down

House number
1364

Abba
Sonam
Kanch

去 passang 家,他出遠門了,Sanju 去採茶還沒回來,我和
Sonam 在庭院,他
幫爺爺種花,
我畫畫,
他們請
我喝茶,
後來
Sanju 回來
了,我們一
起聊天,她送了我
四個綠色玻璃手環。

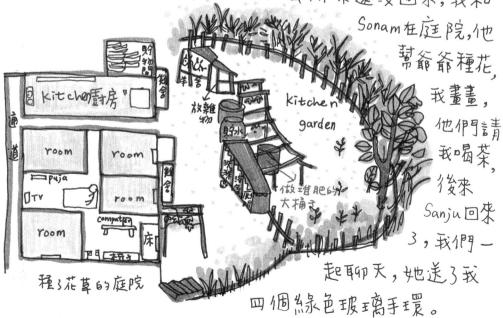

kitchen廚房

通道

財物間

雞舍

放雜物

財水

做堆肥的
大桶子

kitchen
garden

room room

puja

TV

room

雞舍

computer

床

room

門

種了花草的庭院

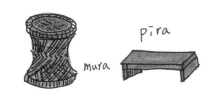
mura　　pira

Nayan 的媽媽今天要請 Johanna．Cindy．Gina 及我吃晚餐，記得上次我要去別人家吃晚餐時，搞不清楚狀況的我六點就要去了，Nayan 的媽媽說：『別那麼早去，太陽還沒下山』，今天 Nayan 跟我說：『晚餐 8 點開始，6 點半可以來看我媽媽煮菜‥‥』，嘻嘻～知道我想看別人煮菜，而且還知道我會搞錯時間！(事實上，我 5 點多就在 Nayan 家探頭探腦了！)

六點半準時到達，Nayan 媽媽拿小椅子給我坐，還沒教我煮菜，先教我兩個有關椅子的單字。

先煮一鍋湯等著煮湯可喝，同時又可產生蒸汽蒸包子發好的麵團

ra ra (O.K!) 尼泊爾語

Nayan 的媽媽捍麥麵皮

餡料

Nayan 包餡料

包好的 thaipo 放進蒸籠中

ayan 的媽媽先教我分辨胡荽和中國胡荽的不同，再煮一杯來給我慢慢喝，

之後，她就一邊閒聊、介紹食材，一邊展開晚餐主菜─Thaipo 的製作！Thaipo 就是包子，我竟然來印度學做包子！

晚餐時，Nayan 和 Gina 討論起我們昨天聊到的一個話題，那就是下個月好像有什麼大人物要到 kurseong，反正是跟火車有關（他們英文講太快，我跟不上速度…公），所以 Makaibari 的幾個村落小學要舉辦一個兒童畫畫比賽，主題是被列為世界遺產的高山窄軌火車，但是村落小學裡沒有小孩有坐過火車，沒坐過火車怎麼畫火車呢？所以擔任義工的 Gina 計畫帶三間小學所有的學生去坐火車，從 kurseong 坐一站體驗，然後從下一站包 Taxi 把學生載回來，Nayan 說只要把二等車廂所有位子買下來，他們不會管你在列車裡擠進多少學生，所以不必每個學生都買票，Gina 問需不需要發家長同意書？Nayan 說不用，　　　　隨時可出發！這果然很印度　　!!

（如果畫畫比賽有大人組，我也好想去參加！）

『閒來無事一身輕，聽得雨聲伴好眠』，這段話是最近生活的寫照，因為停電的關係，我養成每天九點睡覺、四、五點起床寫日記的習慣，夜裡總是會下很大很大的雨，下大雨的夜晚，娘適合聽巴哈平均律，在不規則的雨聲中，有好幾條旋律在延展。在這裡，我總是睡得很好；清晨起床，打水洗臉，對著綠樹刷牙，在這裡，自然與人造物的界線很模糊，我根本就是生活在自然之中；雖然，我可以從綠樹的間隙中瞧見鄰居的舉動，但這裡讓我覺得安全，不論白天晚上，我未曾鎖過門……，今天是我在 Makaibari 的最後一天，也是在印度的最後一天，我要好好珍藏這些感覺。

(一邊寫著日記，民宿的家人正早起做著例行灑掃工作，不管有沒有看到任何髒污，裡裡外外全都打掃一遍，難怪這裡這麼乾淨，連小豬住的豬圈都比我家乾淨，Orz！)

今天是印度的獨立紀念日，我在 Makaibari 滯留，除了原先的感冒之外，還因為懶惰，還有大家鼓勵我留下來看獨立紀念日的表演，在台灣沒看過國慶大典的我，跑來這裡看人家的獨立紀念日遊行及表演……。

從大會的節目，可以看出印度人搞笑的功力，在司令台前，放了一尊由真人全身塗白，變身成甘地的假雕像，十分逼真，連我這個外國人都可一眼看出那

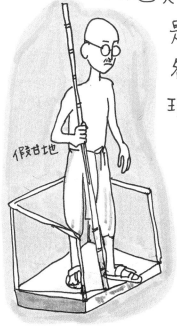

假甘地

是甘地。表演節目是由 kurseong 各中小學進行歌舞競賽，有的是現代風的啦啦隊表演，有的是曼妙的傳統歌舞，還有展現當地生活，可是非常搞笑的行動歌舞劇，大家都看得津津有味，我為了拍照，在台前蹲很久，後來竟有人請我去台上坐貴賓席！

215

歌唱比賽

Nayan's father

Cindy　Johanna

mosquito 有蚊子

Nayan's mother

Nayan's brother

在Nayan家和大家一起看印度版"星光大道"

看完慶典，簡直快累垮，只好傳簡訊給Mr. OM，說沒辦法去他家喝下午茶（他家在kurseong，他邀我好幾次去他家吃飯喝茶，我都沒去，真不好意思！）；回家睡了午覺，下午茶時間一到，就去Nayan家看電視，Nayan媽媽早上做了火爆米花，還特地留一份給我吃，Johanna告訴我他們週二飛德里的機票莫名地被取消，嚇得她們趕快重訂，但和Taxi司機聊天才知道，週二，從大吉嶺到siliguri有大罷工，嚇得她們臨時改成和我一樣週一閃人，以免回不了德國！喝完茶，我去Passang家說再見，喝了最後一杯Niger，他們全家都對我很好。

Passang's mother

桶裡是發酵的粟米

niger

用手搓揉加了水的粟米，搓洗產生的液體呈白色，經過濾，流入下方的桶子裡，就是Niger，剛做好的Niger，酒精濃度較低，但如果是放了幾天的，酒精濃度較強。

216

8月16日 (一) 重回尼泊爾

買了木盒裝的茶，比較經得起旅途中的碰撞擠壓。

昨晚停電，我在黑暗中戴著頭燈打包行李，我的行李已經飽到快吐了！早上，民宿爺爺在我房間拜完Ganesh神後，為我點了最後一次Tika。

離開前，去茶廠商店，把身上剩下的印度盧比全掏出來買了茶，只留下去邊境關口的車錢，Mr. OM幫我把茶包好，幫我攔下一輛前往 Siliguri 西里谷里的吉普車，再見了！Makaibari。

當車子慢慢離開山區，進入 Siliguri 的平原地帶，天氣變熱了，人變多了，喇叭聲此起彼落，果然很印度的感覺，說來奇特，過去一個多月在大吉嶺、錫金的旅行，讓我覺得不像在印度，反而像在尼泊爾......，而現在要前往的 Janakpur (珍納普)，雖然在尼泊爾，但旅遊書上說，這個地方靠近尼泊爾、印度邊境，反而具有濃厚的印度風情。

算算時間不太多，不應該去 Janakpur，但我真的很想看 Mithila 米西拉藝術發源地，豁出去不管了。

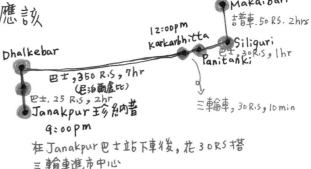

8:30 am
Makaibari
普車. 50RS. 2hrs

12:00pm
Karkarbhitta

Siliguri
巴士. 30R.S, 1hr
Panitanki

三輪車. 30R.S, 10min

Dhalkebar

巴士, 350 R.S, 7hr
(尼泊爾盧比)

巴士. 25 R.S, 2hr
Janakpur 珍納普
9:00pm

在Janakpur巴士站下車後，花30RS搭三輪車進市中心在印度關口 Panitanki 蓋了章，掏光身上所有的零錢坐人力車過橋，抵達尼泊爾關口 Kakarbhitta 卡卡比塔，海關人員看了我的簽證，對我微笑：『歡迎回到尼泊爾！』，旅行的經驗法則告訴我，千萬避免在夜晚時抵達陌生的目的地，我快速地找到前往 Janakpur 附近城鎮的巴士，屆時再換車，算算時間，似乎在天黑之前到不了，只好在心中默默祈求上天多幫忙。中午12點整，我上車了。

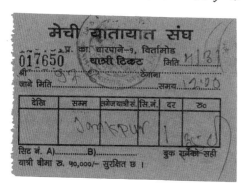

巴士疾駛於尼泊爾南部的 Terai 特賴平原上，這裡是一大片綠野平疇，點綴著水稻田、樹林和茅草屋，和上個月翻山越嶺看到的山林景觀大不相同；巴士沿途攬客，走走停停，有時還得幫過熱的引擎灑水降溫（驚！），我坐在車門邊靠窗的第一個位子，因為車門永遠是開著的，在沒空調的車子裡，至少可以吹到風，但巴士小弟和乘客喜歡愚弄語言不通的我，失去耐性的我很想揍人，但我太累了，沒力氣發飆風，天快黑了，心裡很不安。

kathmandu
加德滿都

Janakpur
珍納普

北部高山：Mahabhrat Range
中部丘陵：Churia Hills
南部平原：Terai plain (特賴平原，是恆河平原的一部份)

218

6:00 PM

change bus

六點鐘,我被叫下車,換另一輛兩巴士,天快黑了,真是憂心。

7:30 pm

Change bus
bus? where?

七點半,天已經黑了,我在黑漆漆的公路上又被叫下車,司機助手指著模糊的遠方說那兒有 local bus 可以搭乘前往 Janakpur。

雖然在天黑之際,我已經事先把頭燈塞進口袋,但在這裡戴頭燈,不引來群眾圍觀才怪,尼泊爾人生性好奇,而且喜歡圍觀,我不敢輕舉妄動,還好路旁的小店亮著昏黃的燈,熱心的民眾指著一棵大樹,要我在那裡等著,公車就會出現!我雖然很想裝低調,但還是引起當地民眾注意,漸漸地,我被數十人圍觀,在黑暗中,而且他們都很黑,我看不清楚他們的臉……(Terai 平原愈向南部,人種膚色偏黑!),陌生與恐懼慢慢湧現,終於有正義人士出來主持公道了,一個會講英文的學生和他的足球教練出來驅趕人群,叫我不要害怕,他們會幫助我!

Don't worry. The bus will come here at eight o'clock.

Don't fear. We will help you

219

年輕學生Rudra和足球教練說他們也要回Janakpur，但天色已晚，不容易等到公車，不過八點會有一輛公車經過，八點整，遠方出現巴士的車燈亮光，等車的群眾開始向前奔跑，Rudra、足球教練和幾位熱心民眾怕我搶不過當地人，拖著我的行李叫我快跑，當我靠近巴士，才看清楚這輛巴士不但很擁擠，而且車頂上坐滿了人......，Rudra、足球教練和熱心民眾大喊：『她是觀光客，讓她先上車！』，他們合力揪住想擠上車的當地人，然後把我的行李傳給車內的人，再合力把我推上車，車上的乘客迅速地把我的行李找到一個安放的位置，且神奇地要乘客硬是擠出一個位置給我！我竟然有位子坐！回想起這段過程，除了爆笑之外，我的心中充滿感動，因為他們對不曾相識的我，沒有理由地這麼地好......。

Welcome Hotel

Welcome to "Ghost Hotel" ???

在巴士上，年輕學生 Rudra 問我要住哪間 Hotel？他建議我住 "Hotel Manaki"，這是 Janakpur 最好的 Hotel，位置好，且高級又方便、乾淨，外國旅客都住這間！我翻了翻旅遊書，說這間太貴了，我要去住 Rama Hotel，他說那間離市中心較遠，夜晚太黑，不建議我去住，我說那就 Welcome Hotel 吧！在 Hotel Manaki 附近，看書上寫的好像很便宜；九點鐘抵達 Janakpur，Rudra 建議我坐人力車去旅館比較快，他不放心，跟著我一起去看，這間『歡迎旅館』，應該改名『歡迎來到鬼屋旅館』。當我走上頂樓長廊盡頭，看到那斑駁的牆壁，恐怖的地板以及浴室裡水龍頭流出赭紅色泛鏽的水，膽小的我怕自己又掉進黑洞旅館，立刻拔腿奔向附近最高級的 "Hotel Manaki"！

也有發電系統，不會停電！
with bathroom.
24小時熱水，有風扇，乾淨
很有安全感，有電視。
每人 760 RS（其實不到台幣 400 元，真不知我在嫌人家貴什麼！房裡有冷氣，若要使用冷氣則要加錢，但其實風扇就夠了！）

HOTEL
Manaki International (P.) Ltd
Janakpurdham-2 (Nepal)
Tel.041-521540, 525995, 525996
Mobile No. 9804897400, 9804897200
Fax:041-521496
E-mail:hotelmanaki2009@hotmail.com

8月17日 (二) 米西拉藝術的饗宴

JANAKPUR WOMEN'S
DEVELOPMENT CENTER
開放時間：

週日～週四：10am～5pm

週五及冬季：10am～4pm

位於 Janakpur (珍納普) 外
園的 Kuwa 村. 我坐人力車去！(100RS)

JANAKPUR (珍納普) 婦女發展中心座落在一片稻田之中。

建築物是由泥
牆及木材形成
主要結構，泥柱
和泥牆皆有特
殊造型浮雕，非
常好看，整個環
境很閒適安靜。

米西拉藝術描寫日常生活，宗教及羅摩、悉多的故事也常被當成主題

工作中的婦女

大象被認為會帶來幸運及財富，被廣泛運用為繪畫素材。

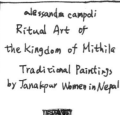

alessandra campoli
Ritual Art of
the Kingdom of Mithila
Traditional Paintings
by Janakpur Women in Nepal

— liminalia —
sketches of visual anthro...

上一次到尼泊爾旅遊時買的，關於 Mithila 繪畫的小書.

當人力車逐漸遠離珍納普市中心，來到樸素的 Kuwa 村，映入眼簾的是一幢幢泥土夯成的小屋，茅草覆頂，竹編為牆；色彩繽紛的紗麗是綠色田野中跳躍的音符，婦女頭頂著水缸，走過小徑，牧童悠哉地坐在牛背上，這是個沒有觀光客，只有常民生活的小村落。

一切都要從九年前的一本月曆說起，我在加德滿都的小店買了一本色彩大膽，線條簡單的月曆，這本月曆在牆上掛了九年，第二次到尼泊爾，我買了一本關於 Mithila 米西拉藝術的小書，我才知道，米西拉藝術源自米西拉古國，珍納普曾為米西拉王國的都城，這個古國的領土現在分屬尼泊爾及印度。

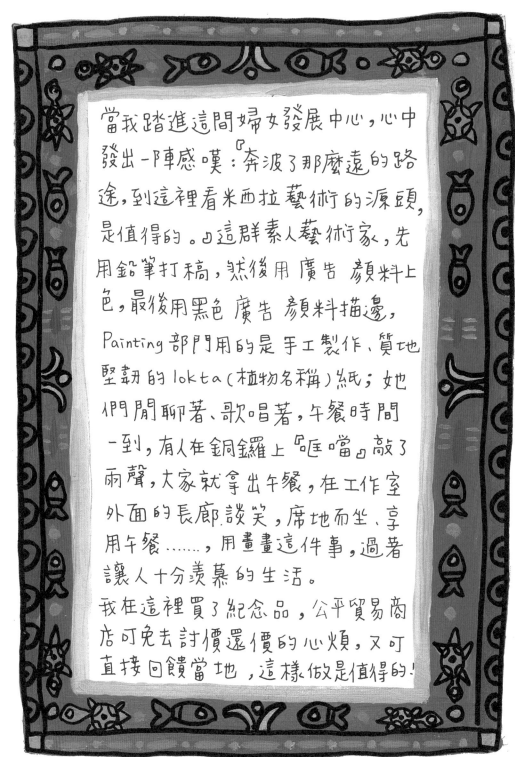

當我踏進這間婦女發展中心，心中
發出一陣感嘆：『奔波了那麼遠的路
途，到這裡看米西拉藝術的源頭，
是值得的。』這群素人藝術家，先
用鉛筆打稿，然後用廣告顏料上
色，最後用黑色廣告顏料描邊，
Painting 部門用的是手工製作、質地
堅韌的 lokta（植物名稱）紙；她
們閒聊著、歌唱著，午餐時間
一到，有人在銅鑼上『哐噹』敲了
兩聲，大家就拿出午餐，在工作室
外面的長廊談笑，席地而坐、享
用午餐……，用畫畫這件事，過著
讓人十分羨慕的生活。
我在這裡買了紀念品，公平貿易商
店可免去討價還價的心煩，又可
直接回饋當地，這樣做是值得的！

傳統米西拉藝術原本是用來裝飾房屋的泥牆,在kuwa小村中可以看到當地人在泥牆上用白色和赭紅色描繪圖畫,珍納普婦女發展中心僱用當地婦女製作Mithila米拉藝術品,共有五個部門:

① Painting Section:手繪米西拉圖畫
② Mirror Section:在紙製鏡框上畫畫
③ Ceramics Section:手繪陶器
④ Printing Section:用絹版印刷技術,在布上印圖案,做成各式產品。
⑤ Sewing Section:以不織布為主,做成填充玩具、提袋等。

燭台60RS

小石宛 100RS

皂盒(陶製)90RS

小碗 85RS

茶海80RS

抱枕套300RS

抱枕套300RS

盤子 250RS

米西拉繪畫可追溯至西元七世紀,從前婦女配合節慶祭典,以手指蘸米漿,在泥牆上作畫,最後以紅色粉末為顏料收尾,內容多為宗教.神明.動植物.宇宙創造.幾何圖形等,從米西拉繪畫可以窺見常民生活,待新年慶典來到,再塗敷一層新泥,重新作畫。我在當地鄉間看見許多土屋泥牆仍然保留著這種素樸繪畫傳統。更多資料在JWDC網站: http://www.asianart.com/exhibitions/jwdc/
http://web.mac.com/nadjagrimm/iWeb/JWDC/Welcome.html.

226

8月18日(三)連車頂都坐滿人的火車

11:30 發車, 30min 抵達 PARABAHA

2:00 發車, 30min 抵達 JANAKPUR

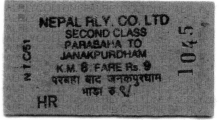

去程：1 class 一等車廂/12 RS

回程：2 class 二等車廂/9 RS.

（其實一等和二等車廂沒什麼差，因為一樣都很擠，且車頂有破洞）

尼泊爾是山地國家，不適合建鐵路，只有南部 Terai (牛寺賴平原有幾段短短的鐵路，和印度的鐵路相連！(南亞國家中，印度、尼泊爾、不丹這三個國家人民往來不需要簽證！)。

其實我原本沒有計畫來這裡搭火車的，只是因為去買香料時，路人告訴我早上10點半會有火車進站，我想了想，去拍照也好，當我看到這種慢吞吞，而且塞到爆炸，連車頂都坐滿人的火車，當下我就決定要試試，於是去問了下一班列車的時間，我只坐一站，到離 Janakpur 8公里外的 Parabaha 就好！

→ 身穿紗麗，頭頂重物的女人，身段依舊曼妙多姿

火車理所當然誤點，我沒有覺得不耐煩，因為我忙著欣賞與觀摩當地婦女穿著紗麗的不同樣式。

→ 很多男人不是穿褲子，而是在腰上纏著一塊布

慢吞吞的火車進站了，火車上『掛』滿了人和自行車，連車頂上都坐滿了人。

雖然這輛火車是通過尼泊爾.印度邊境，但只有印度人和尼泊爾可以由此過境，外國人不能由此通關，所以外國人只能坐到 khajuri 站。

車窗裝了欄杆，據說是防止有人不買票、從窗戶爬上車，但我覺得效用不大，因為車行速度很慢，沿途有人跳車或者爬上車，搭一趟免費順風車。

很多人把自己的自行車用繩子綁在窗戶的鐵欄杆上，火車一到站，他

們就輕輕鬆鬆騎自行車走了，掛滿腳踏車的火車更讓我大開眼界。

車廂裡擠得像沙丁魚罐頭，但小販們還是有辦法上來做生意，而且列車長還來查票咧！

因為太多人坐在車頂上，不但使列車的天花板凹陷，甚至殘破不堪，只剩下骨架，真是名副其實的『開天窗』，陽光普照，我還得戴帽子遮陽，不禁讓人擔心萬一下雨怎麼辦？且人們在車頂走動，使得鐵銹

碎屑不時飄下來，還好我戴了帽子！

因為怕擠不上車，所以大家都提前1小時上車佔位置，我也是，在等待的時間裡，觀察車上的人生

百態，前面的婦女腳掌塗成紅色裝飾還戴了腳鍊，小嬰兒則畫了煙燻妝（據說小孩的眼睛周圍塗黑，可防止惡靈侵擾）

229

8月19日 (四) 冉冉離開

Ramayana 羅摩衍那史詩中的主角 Rama 羅摩，有個美麗的妻子 Sita 悉多，悉多的老家就在 Janakpur 珍納普，珍納普亦是古 Mithila 米西拉王國的都城；我很喜歡這裡，這裡很少看到觀光客……，不，應該說是充斥著觀光客，不過觀光客大都來自印度為主，因為這裡是印度教朝聖之地；我在寺廟裡聽婦女們在傍晚歌唱、讚美神，閃躲牛隻、雙腳踩過泥濘的街道……，這裡充滿了生活的氣味，連紗麗的顏色都特別濃烈鮮明，兩天的時間根本不夠我好好去看這個城市，連粗淺的認識都說不上，我應該多待兩天，然後搭直達車回加德滿都，不過，在回台灣之前，我想去一趟 Lumbini 倫比尼，也許留些遺憾，下次才有再來的藉口。

Butwal 布特瓦爾
Bhairawa
Lumbini 倫比尼
Janakpur

Janakpur → Bhairawa
　　12小時，450 RS，巴士
Bhairawa → Lumbini
　　1小時，40 R.S，巴士

雖然坐了一整天的車，不過，看風景猶如在看電影，並不會覺得無聊。

230

8月20日(五) Butwal布特瓦爾兒童醫院

Lumbini Village Lodge

双人房，有獨立浴，但没熱水，每日 350 R.s

Lila Mani Sharma

Mailing Address :
Lumbini Bazar, Madhubani - 8
Rupandehi - Lumbini - Nepal
Tel.: 00977-71-580432, 526053
E-mail :
lumbinivillagelodge@yahoo.com

Your comfort & satisfaction is our motto.

▲ 旅館名片

▲ 兒童插畫書

上次來尼泊爾，在書店買了一本由小朋友手繪的故事書，敘述一個貧童流浪街頭，後來受非營利機構CCC(Children's Contact Center)協助，重獲新生的故事；插畫書的背後寫著這個機構的地址："Butwal"，這個不起眼的地名在我心中留下痕跡，後來，閱讀安藤忠雄的傳記時，再一次看到這個地名。

尼泊爾2005～2010年嬰兒死亡率：42‰，五歲以下兒童死亡率：54‰(資料來源：聯合國)
▼ Siddhartha Children & Women Hospital, Butwal

建築師安藤忠雄曾受亞洲醫師協會（AMDA：Association of Medical Doctors of Asia）委託，無酬設計一間兒童醫院，提供醫療服務給偏遠地區的貧苦民眾，兒童醫院的設立地點正是在尼泊爾南部的 Butwal（布特瓦爾）……。

這間兒童醫院到底是一棟怎樣的建築呢？書上說：『基於預算及技術的問題，在建材、工法的選擇上，都不得不採用當地可行的方式……』，在連建築用的碎石都得仰賴人工一塊塊去敲碎的尼泊爾，安藤忠雄如何調整他的設計呢？

『只是想去看看這棟建築』成了我到 Lumbini（倫比尼）的動機之一！

Butwal 在倫比尼附近，Butwal 是一個城鎮，而倫比尼只是一個小村落，所有南來北往的長途巴士都會通過 Butwal，照道理，我應該住在 Butwal 才對，但因不喜歡城鎮的吵雜，我寧可拉遠距離，住到小村去。

醫院牆上掛著英年早逝的日本籍醫師篠原明醫師的相片，並用日文及尼泊爾文說明他對尼泊爾的醫療貢獻，他曾參與 AMDA 組織。

女性醫護人員穿的是白色或淡紫色紗麗，再罩上白色短外套

Siddhartha Children & Women Hospital

Lumbini → Bhairawa , 35 RS , 1 小時 (Bus)

Bhairawa → Butwal , 35 RS , 1 小時 (Bus)

Butwal 巴士站 → 兒童醫院 , 人力車 , 40 RS , 15 min

醫院在一個離山很近的地方，隱身在一片樹林中，是一棟樣式簡單，但很有氣質的建築物，形狀是由幾個長方體組成，方形結構施工較容易，是考量當地的施工技術；而東西向面窄、南北向面寬，並在南面有一整排廊柱，
此地緯度 27°42'N，故向南開窗以納入陽光
窗戶開在廊柱後深約一公尺
可納入陽光，但不感炎熱！
處，這些都是考慮氣候問題，避開強烈的陽光；室內挑

Public Drinking Water

這是醫院提供飲用水的小亭子，貧苦的民眾來看病，已是沉重負擔，為了節省開支，他們帶煤氣爐及鍋子，直接取這裡的水在醫院旁煮飯，有些長途跋涉，帶小孩來看病的父母親們，住不起旅館，他們帶了毯子、墊子，直接睡在醫院裡或外的長廊上。

高設計，並在適當位置開天窗，引進自然光線，使得大部份的空間，在白天即使不開燈，卻仍舊明亮，可以節省電力使用。建材不是安藤忠雄的招牌－清水混凝土，而是本地生產的紅磚；這棟建築物雖不精良，但卻意義深遠，讓人覺得有力量。

8月21日 (六) 佛陀誕生地

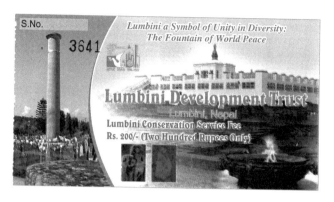

▶ 倫比尼聖園門票，佔地遼闊，腳會走到斷掉，我只去看了佛陀誕生石、聖水池……，然後，就在菩提樹下呼呼大睡！

MARKER STONE
(The Exact Birthplace of Buddha.)

佛陀誕生在這塊石頭上！

這塊模糊難辨的石雕，據考證，是14世紀 Ripu Malla 國王留下，刻畫摩耶夫人右手攀娑羅樹枝產下悉達多太子的畫面。

我對佛教朝聖沒什麼興趣，但我仍然買票進了園區，來這裡的目的，只是為了能在離佛陀誕生地最近的地方，為朋友甜蜜蜜點燈，這三盞酥油燈，是來到倫比尼的另一個重要動機，不可否認的，人是脆弱而渺小的，有時候，我們是需要一些神蹟的。

一定要好好起來喔！

佛陀的母親摩耶夫人是迦毗羅衛王國的王后，懷有身孕的摩耶夫人依印度習俗，回娘家待產，途

234

經一個美麗的湖泊，摩耶夫人在此沐浴之後，手攀婆
羅樹枝，生下佛陀⋯⋯，也就是悉達多太子。
上圖中的方形水池
上圖右：菩提樹

傳說西元前249年印度孔雀王朝阿育王曾親臨此地，
在此參拜，立下石柱，古時這裡有上千座佛寺，但盛況逐
漸褪去，西元403年、636年分別親臨此地的中國和尚法顯
和玄奘，都只看見荒蕪的廢墟⋯⋯，倫比尼曾隸屬印度，
上圖左：石柱　　上圖中：磚牆遺跡
但西元1857年，尼泊爾協助平亂有功，殖民印度的英國人
遂將倫比尼劃給尼泊爾做為獎賞⋯⋯。

我在菩提樹下睡了一個滿意的午覺，
這座聖園無比寧靜，我提筆畫了一
張水彩畫，三盞酥油燈順利燃盡，
天色向晚，我走出園區，買了一張明
天早上往加德滿都的車票，要回家了！

釋迦牟尼在菩提
樹下悟道，你
竟然在菩提樹
下睡覺！

235

8月22日(日)巴士移動日

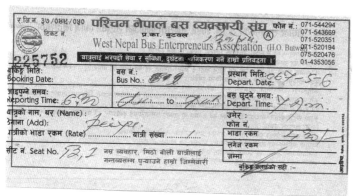

◀車票

倫比尼→加德滿都，430 R.S，行程號稱 8 小時，但我總共坐了 12.5 小時的車！

倫比尼 Lumbini ● kathmandu 加德滿都

感覺最後這星期的行程很像旅行團在趕景點，在某地待了短短時間後，又迅速打包趕往下一個景點，腦子也必須跟著迅速轉換，我完全記不得昨天發生哪些事？日記也愈寫愈短，愈來愈懶惰了。

雖然我很厭倦加德滿都的噪音，但是，今天我卻有點期待回到那裡，因為我好想洗熱水澡，這是

尼泊爾味呀麥合作生產的啤酒，很貴，一罐 130 R.S，對當地人而言，簡直是天價！

矛盾吧！我想在旅行時體驗當地的生活與文化，卻又無法放棄已經習慣的舒適。

加德滿都是此次旅行的起點，也是終點，為了慶祝一下，我今晚去吃了日本料理：牛丼，黃牛不可宰殺，所以吃的是水牛肉。

8月23日（一） 我是肥羊吧？

明天要回台灣了，所以今日是血拼日，我列出清單，規劃好購物路線，帶著購物袋上街採買，其實，我不是很喜歡在這裡購物，因為他們總是開出好幾倍價格讓你殺價，才買了第一件東西，就讓我疲倦，我尤其痛恨那句：『what's your price?』，當他們反問我 how much？我真是一肚子火，買個東西一定要這麼累嗎？從披肩、書，到香料、茶……，每一種都得歷經讓人心力交瘁的過程，只有在 Fair trade 公平貿易商店買包包是比較輕鬆，因為每樣東西都是不二價。

雖然這裡的山很美、建築古老且巧奪天工，大部份的尼泊爾人熱情善良，但是加德滿都混亂的交通、高分貝的喇叭聲，還有把觀光客當肥羊般剝皮的生意人……，這一切讓我很不舒服，會讓人產生下次不想再來的念頭，不過，這也許是我過份的想法，我怎能要求一個歷史與經濟背景有所差異的地方，處處盡如我意呢？它的真實面目就是這個樣子，旅行的目的難道不是要看一個地方真實的樣子嗎？或者，也許有一天它變得現代化了，我卻又會感到失望……；很多很多的聲音，在我的心中升起，一些衝擊碰撞我的想法，我想我需要時間去消化這一切。

一本關於Mithila藝術的書,內容雖差強人意,但選擇真的不多,只好買了!

一本有關Alpona的書,裡面有一些圖騰的剖析.看起來很有趣,所以買了!

天鵝鑰匙圈 (木雕)

貓頭鷹鑰匙圈 (木雕)

號稱70% PASHIMINA·30% silk 的圍巾

彼得下訂單叫我幫他買的象神木雕面具,好佔位置

蔬菜專用咖哩粉

包包全都是在公平貿易商店買的,由 WSDP (Women skill Development Project) 的婦女製作

在Makaibari時,看到Johanna買了知識女神Saraswati的神像大海報,這個女神主掌音樂、藝術、智慧,Johanna說祂會幫助學習,所以,我也買了!看英文會不會進步!(我要釘在書桌前!)祂的座騎是一隻白天鵝。

我是這個協會的包包愛用者,每次來都會批一堆貨回台,協會工廠在Pokhara波卡拉,但這次沒時間去一探究竟,只能等下次了...(天啊!還有下次?)

tea 尼泊爾茶

tea masala 奶茶香料

8月24日 (三) 告別尼泊爾，回家

千種
CHIKUSA ちくさ
1998 茶房

原本想走路去
阿山街吃牛奶
甜弓粥，但是
雨下得愈來愈
大，很怕自己
又踩了一身泥，
於是中途就
鑽進「千種
咖啡」躲雨，
從1998年營業
至今的「千種

咖啡」，很有日本老式洋食咖啡館的調調，我點了
咖啡、土司和蛋，很想畫這間咖啡館，但我的文具、
日記本和相機全都打包進行李箱，只好向侍者要一枝
筆，直接畫在餐巾紙上，這濃濃日本懷舊風，真讓
人有時光錯置的感覺；觀光業的繁盛，讓加德滿
都的餐飲選擇有如置身世界民俗村。
吃完早餐，對面的圍巾專賣店已經開了，我進去為Fish
挑了一條適合旅行的輕軟大披肩，我身上剩下的
錢不多，然而，尼泊爾人相信，一天中第一個上門

的客人，生意如果成交的話，會帶來一整天的好運，
所以老闆無論如何不會放棄我這個客人……，買完披
肩，再買兩個小鑰匙圈，我身上連一盧比也沒有了……。
旅館老闆怕路上會有狀況，催促我早點到機場，
計程車早早就在旅館門外等候，他們說我運氣特
好，躲過了兩次罷工……；飛機如預料中誤點了，起
飛之際，坐在窗邊的我，再看一眼加德滿都谷地，
這是我第三次來尼泊爾，我不知道還會不會再有第四
次、第五次？這是一個迷人的國家，但沒有為人民著
想的政府和穩定的政治，杜鵑是尼泊爾國花，但這
棵杜鵑在風雨中飄搖好久，打落一地的花瓣……。
兩個月的旅行讓我把腦子徹底放空，要走下一段路了！

Life & Leisure · 優遊
大吉嶺手繪旅行

2022年4月二版　　　　　　　　　　　　　　　定價：新臺幣480元

著　　　者　張　佩　瑜
叢 書 主 編　林　芳　瑜
編　　　輯　林　亞　萱
封 面 完 稿　蔡　婕　岑

出　版　者　聯經出版事業股份有限公司
地　　　址　新北市汐止區大同路一段369號1樓
叢書主編電話　(0 2) 8 6 9 2 5 5 8 8 轉 5 3 1 8
台北聯經書房　台 北 市 新 生 南 路 三 段 9 4 號
電　　　話　(0 2) 2 3 6 2 0 3 0 8
台中分公司　台 中 市 北 區 崇 德 路 一 段 1 9 8 號
暨門市電話　(0 4) 2 2 3 1 2 0 2 3
郵 政 劃 撥 帳 戶 第 0 1 0 0 5 5 9 - 3 號
郵 撥 電 話　(0 2) 2 3 6 2 0 3 0 8
印　刷　者　文 聯 彩 色 製 版 印 刷 有 限 公 司
總　經　銷　聯 合 發 行 股 份 有 限 公 司
發　行　所　新北市新店區寶橋路235巷6弄6號2F
電　　　話　(0 2) 2 9 1 7 8 0 2 2

副 總 編 輯　陳　逸　華
總　編　輯　涂　豐　恩
總　經　理　陳　芝　宇
社　　　長　羅　國　俊
發 行 人　林　載　爵

行政院新聞局出版事業登記證局版臺業字第0130號

國家圖書館出版品預行編目資料

大吉嶺手繪旅行/張佩瑜圖・文.二版.新北市.
聯經.2022.04.256面.16.5×21.5公分.
（Life&Leisure・優遊）
ISBN　978-957-08-6271-3（平裝）
[2022年4月二版]

1. CST:遊記　2. CST:人文地理　3. CST:尼泊爾4.　CST:印度

737.49　　　　　　　　　　　　　　　111004301